O discurso da servidão voluntária
ou
O contra um

Dados Internacionais de Catalogação na Publicação (CIP)
(Câmara Brasileira do Livro, SP, Brasil)

Boétie, Étienne de La, 1530-1563
  O discurso da servidão voluntária, ou, O contra um / Étienne de La Boétie ; tradução de Bruno Gambarotto. – Petrópolis, RJ : Vozes, 2022. – (Coleção Vozes de Bolso)

  Título original : Discours de la servitude volontaire.

  2ª reimpressão, 2024.

  ISBN 978-65-5713-468-9

  1. Ciência política – Obras anteriores a 1800 2. Liberdade – OBras anteriores a 1800 I. Gambarotto, Bruno. II. Título III. Título: O contra um. IV. Série.

21-90410   CDD-323.44

Índices para catálogo sistemático:
1. Liberdade : Ciência política   323.44

Eliete Marques da Silva – Bibliotecária – CRB-8/9380

Étienne de La Boétie

O discurso da servidão voluntária
ou
O contra um

Tradução de Bruno Gambarotto

Vozes de Bolso

Tradução do original em francês intitulado
Le discours de la servitude volontaire Ou Le contr'un.
Segundo estabelecido por Charles Teste,
baseado no Manuscrito de Mesme.

© desta tradução:
2022, Editora Vozes Ltda.
Rua Frei Luís, 100
25689-900 Petrópolis, RJ
www.vozes.com.br
Brasil

Todos os direitos reservados. Nenhuma parte desta obra poderá ser reproduzida ou transmitida por qualquer forma e/ou quaisquer meios (eletrônico ou mecânico, incluindo fotocópia e gravação) ou arquivada em qualquer sistema ou banco de dados sem permissão escrita da editora.

Conselho editorial

Diretor
Volney J. Berkenbrock

Editores
Aline dos Santos Carneiro
Edrian Josué Pasini
Marilac Loraine Oleniki
Welder Lancieri Marchini

Conselheiros
Elói Dionísio Piva
Francisco Morás
Gilberto Gonçalves Garcia
Ludovico Garmus
Teobaldo Heidemann

Secretário executivo
Leonardo A.R.T. dos Santos

Produção editorial

Aline L.R. de Barros
Marcelo Telles
Mirela de Oliveira
Otaviano M. Cunha
Rafael de Oliveira
Samuel Rezende
Vanessa Luz
Verônica M. Guedes

Conselho de projetos editoriais
Isabelle Theodora R.S. Martins
Luísa Ramos M. Lorenzi
Natália França
Priscilla A.F. Alves

Diagramação: Daniela Alessandra Eid
Revisão gráfica: Anna Carolina Guimarães
Capa: Ygor Moretti

ISBN 978-65-5713-468-9

Este livro foi composto e impresso pela Editora Vozes Ltda.

Sumário

Preâmbulo, por Charles TESTE (1836), 7
O discurso contra a servidão voluntária
(ou O contra um), 11
Notas, 49

Preâmbulo

Uma palavra somente, irmão leitor, seja você quem for, e sejam quais possam ser, ademais, sua posição e opiniões pessoais neste mundo; pois, ainda que se diga, proverbial e comumente – *todos os irmãos não são parentes* –, ante o sempiterno horror da tão bizarra distribuição de honrarias e calúnias, condecorações e aprisionamentos, privilégios e interdições, riqueza e miséria, é preciso, não obstante, reconhecer que, no todo (*in globo*) somos todos irmãos segundo a natureza e a cristandade. Lammenais assim o diz e prova, em termos tão admiráveis e eloquentes, que jamais – definitivamente nunca – aquela tão maldita máquina chamada *imprensa* poderá reproduzir.

Que não se pense que seja para amolecê-lo que começo, neste preâmbulo, atribuindo-lhe a alcunha de irmão. A lisonja não é meu forte, e neste século de hipocrisia e de mentiras minha franqueza já não me trouxe pouca dor. É possível que outras dores me sejam reservadas por fazer acréscimos ao livro, que não é meu, e que pretendo – com excessiva ousadia, sem dúvida – rejuvenescer com o intuito de dar mais livre curso às velhas, porém indestrutíveis, verdades que traz.

Gostaria de conseguir fazê-lo compreender todo o meu constrangimento ante a execução deste projeto, sobre o qual refleti muito tempo antes de ousar levar a cabo. Já sou velho, e nunca escrevi. Sou eu mais estúpido que tantos outros que produzem volumes e mais volumes nos quais não se encontra uma ideia? Não creio que seja. Sem ter, contudo, jamais recebido instrução de qualquer colégio ou universidade, construí minha própria formação mediante a leitura. Felizmente, os livros ruins jamais me foram atraentes, e o acaso me serviu muitíssimo bem, pois nunca me caíram em mãos senão os bons. O que aí encontrei fez com que quedassem insuportáveis todas as nulidades, parvoíces e torpezas que abundam mesmo no maior nome. Muito me aprazem aqueles antigos moralistas que escreveram tão belas e boas coisas, em estilo tão singelo, franco e irresistível que é digno de espanto que suas obras, não obstante tenham tido seu efeito, não o tenham produzido mais. O novo, nos escritos de hoje, não me toca, pois, para mim, não é novo: de fato, entre os melhores, nada se encontra que já não tenha sido dito e muito melhor por nossos bons predecessores. Por que, então, pergunto-me sempre, fazer de novo, quando o velho se mostra tão bom, tão claro e preciso? Por que não ler aqueles que tanto me agradam – e como é possível que não agradem igualmente a todo mundo? Por vezes fui acometido do impulso – tão somente um experimento – de ler algumas passagens àquela pobre gente que vive a infelicidade de não saber ler. Fiquei encantado com o experimento. Não há palavras para descrever seu maravilhamento ante o que escutavam. A leitura foi para eles um verdadeiro regalo. Eles a saborearam ao máximo. É que, na verdade, tive o cuidado de explicar-lhes, tão bem quanto me era possível, o verdadeiro sentido disfarçado, vez por outra, naquela linguagem que, infelizmente, quedou velha e antiquada. Essa é a origem da fantasia que me move hoje.

Quantas, no entanto, foram as vezes que, por mais decidido que estivesse em meu intuito, abandonei a empresa, pois, com efeito, percebia a cada passo que eu estragava a obra, e que ao querer caiar a casa, a emporcalhava. Também, caro leitor, você jamais terá ideia da alegria de minhas penas ante a execução de um trabalho tão ingrato no qual persisti senão por devoção, pois conservo a íntima convicção de que a iguaria que lhe sirvo é bem inferior, unicamente porque a adaptei a seu gosto. Causa-me uma tristeza profunda, semelhante a que prova um alfaiate que, cheio de entusiasmo e de paixão pelos belos trajes gregos e romanos que o grande Talma pôs em boa voga em nosso teatro, é obrigado, para satisfazer a caprichosa moda, a cortar e costurar os pobres e risíveis panos com que nos vestimos. No entanto, este o faz em troca de nosso dinheiro; é seu ganha-pão. Já eu não dei cabo dessa fatigante e penosa transformação senão para que dela você disponha. Não lamentarei meu tempo e meu penar se realizar este que é e sempre será meu único pensamento.

Em vez de me estender muito longamente sobre esse ponto, para o qual a boa intenção basta, parece-me, à guisa de justificar minha temerária empresa, que talvez devesse tratar – como quiçá me diria você – dos méritos do autor do qual venho a oferecer o antigo filho vestido à moderna. Fazer sua defesa, celebrar seus talentos, recomendar suas virtudes, exaltar sua glória, incensar sua imagem, é isso que fazem todos os dias nossas sumidades do Instituto, não no tocante a seus iguais em vida, pois a inveja os devora entre si, mas sim os mortos. Essa é a tarefa obrigatória de cada imortal recém-nascido para com cada imortal finado, em face de sua entrada nesse almejado templo das ciências onde são enterrados, mais do que alimentados entre si, talentos de todo tipo, e que se poderia chamar com mais justiça de *campo santo*[1] de nossas glórias literárias. Mas caberia a mim, um pobre coitado, imitar tais máquinas de belas frases, tais fábricas de elogios de encomenda que eles papagueiam tão enfaticamente? Não que eu disponha de frase mais bela, pois em duas palavras lhe posso retratar meu autor e dizer, em estilo não acadêmico, mas lacônico: "Viveu como um Catão, morreu como um Sócrates". Entrar em maiores detalhes, porém, não poderei, e seja qual for a arte de que me valha para falar-lhe do bom Étienne de La Boétie, estarei muito abaixo de meu assunto. Prefiro, então, recomendar-lhe à memória tão simplesmente o que disse sobre ele seu bom amigo Montaigne em seu ensaio "Da Amizade", e reproduzir, aqui, em excerto, algumas das cartas nas quais esse grande gênio, esse profundo moralista, esse sábio filósofo nos fala das virtudes de sua vida e da paz de sua morte. Espero que depois de ter lido esses trechos,[2] você me seja grato de eu ter me ocupado de rejuvenescer a obra de La Boétie e me desculpe pelas imperfeições do que fiz e lhe ofereço de todo coração. Dê-lhe boa acolhida, mais por amor a si do que a mim.

Seu irmão em Cristo e em Rousseau,
Ad[olphe] Rechastelet

Étienne de La Boétie
O discurso da servidão voluntária

Homero[3] conta que um dia, discursando ao público, Ulisses disse aos gregos:

"Não é boa coisa ter mais de um senhor; que tenhamos apenas um".

Se ele tivesse apenas dito: *não é boa coisa ter mais de um senhor*, melhor não poderia ter sido; no entanto, com muito mais razão deveria ter dito que a dominação de muitos não pode ser boa, uma vez que o poder de um somente, desde que dotado de sua investidura de senhor, é duro e aviltante; ele acrescenta o contrário: *que tenhamos apenas um*.

É preciso, no entanto, desculpar Ulisses de se valer dessas palavras, que lhe serviram para apaziguar a revolta do exército, adaptando, penso eu, seu discurso mais à circunstância do que à verdade.[4] Mas, em sã consciência, não será um mal extremo estar sujeito a um senhor de cuja bondade não se pode jamais estar certo e que tem sempre o poder de ser vil quando lhe apraz? E obedecer a muitos senhores – não será extremamente desditoso, tantos quantos sejam? Não tratarei aqui dessa questão tantas vezes exaltada!, "se a república é ou não é preferível à monarquia" Se a trouxesse ao debate, antes mesmo de buscar o lugar que a monarquia deve ocupar entre os diversos modos de governar a coisa pública, gostaria de saber se ela deve mesmo estar entre eles, haja vista que é bem difícil de crer que haja verdadeiramente algo de público nessa espécie de governo, no qual *tudo* pertence a apenas *um*. Reservemos a essa questão, porém, outra ocasião, pois ela merecerá tratado à parte e trará em seu próprio bojo todas as disputas políticas.

Por ora, desejaria somente que me fosse possível compreender como é possível que tantos homens, tantas cidades, tantas nações suportam por vezes tudo de um só tirano, que não tem outro poder senão o que lhe foi outorgado, que não tem o poder de lhes causar prejuízo, senão tanto quanto queiram por bem suportar, e que não poderá lhes fazer qualquer mal, senão o que dele prefiram sofrer a contrariá-lo. Coisa que muito surpreende (e, no entanto, tão comum, que é preciso antes lamentar do que se espantar), ver milhões e milhões de homens miseravelmente assujeitados, a cabeça baixa submetida a um jugo deplorável, não porque sejam constrangidos por uma força maior, mas porque estão fascinados e, por assim dizer, enfeitiçados pelo *nome somente* do qual eles não deveriam ter medo, porque é *um apenas*, nem idolatrar, porque, ao contrário de todos, é desumano e cruel. Aí está, no entanto, a fraqueza dos homens! Constrangidos à obediência, obrigados a contemporizar, divididos entre si, não podem ser sempre os mais fortes. Se, portanto, uma nação, acorrentada à força das armas, submete-se ao poder de um único (como a cidade de Atenas submeteu-se ao domínio dos trinta tiranos[6]), sua servidão não deve causar o espanto, mas o reproche; ou melhor, não deve causar nem o espanto, tampouco o lamento; deve-se, antes, suportar o mal com resignação e se conservar para melhor oportunidade no porvir.

Somos de tal forma feitos que os deveres comuns de amizade absorvem boa parte de nossa vida. Amar a virtude, estimar as boas ações, ser grato pelos benefícios recebidos e, muitas vezes, até renunciar ao próprio bem-estar para aumentar a honra e o benefício daqueles que amamos e que merecem ser amados – essas são coisas próprias à natureza. Se, portanto, os habitantes de um país encontram entre si aquele tipo raro de homem, que lhes deu repetidas provas de grande previdência para os governar, de grande valentia para os defender, de grande prudência para os conduzir; se eles, sem o percebam, se acostumam a obedecer-lhe; se mesmo chegam a entregar-lhe seu cuidado a ponto de lhe conceder certa supremacia, não creio que seja sábia decisão tirá-lo do lugar onde fazia o bem para colocá-lo onde poderá fazer mal, não obstante pareça muito natural e razoável ter de boa vontade para com aquele que nos proporcionou tanto bem e não temer que dele venha o mal.

Mas, ó grande Deus! o que é isso? Como devemos chamar esse vício, esse horrível vício? Não causa vergonha ver que um número infinito de homens não apenas obedece, como rasteja, não apenas é governado, como tiranizado, destituído de bens, pais, filhos, mesmo da própria vida que lhe pertença? Para sofrer a pilhagem, o banditismo, as crueldades, não de um exército, não de uma horda de bárbaros, contra os quais cada qual deve defender a sua vida à custa de todo o seu sangue, mas de um somente; não de um Hércules ou Sansão, *mas de um verdadeiro mirmidão,*[7] muitas vezes o mais pusilânime, o mais vil e fraco da nação, que nunca sentiu o cheiro da pólvora das batalhas e raramente pisou a areia dos torneios; que não só é incapaz de comandar homens, mas também de satisfazer uma mísera mulherzinha! Devemos chamar a isso covardia? Chamaremos de vis e covardes os homens que se submetem a um tal jugo? Se dois, se três, se quatro cedem a um – é estranho, mas mesmo assim possível; talvez com razão, dir-se-ia: falta-lhes brio. Mas se cem, se mil se deixam oprimir por um, ainda se dirá que é covardia, que não ousam atacá-lo, ou antes, por desprezo e desdém, não querem fazer-lhe resistência? Por fim, se virmos não cem, não mil, mas cem países, mil cidades, um milhão de homens não atacarem, não esmagarem aquele que com brutalidade a todos trata como fossem servos e escravos – como qualificamos isso? É covardia? Ainda assim, para todos os vícios existem limites que não se podem ultrapassar. Dois homens e até dez podem temer um, mas que mil, um milhão, mil cidades não se defendam de um só homem! – Oh! – Não é mera covardia, ela não chega a esse ponto; assim como a bravura não exige que um só homem escale uma fortaleza, ataque um exército, conquiste um reino! Que vício monstruoso é esse que a palavra covardia não pode traduzir, para o qual falta toda expressão, que a natureza rejeita e a linguagem se recusa a nomear?...

Que se ponham, à direita e à esquerda, cinquenta mil homens armados; que sejam perfilados para a batalha; que travem a luta; uns livres, lutando por sua liberdade, outros para roubá-la: a quem caberá a vitória? Quais desses homens irá ao combate com mais coragem – aqueles cuja recompensa deve ser a manutenção de sua liberdade, ou aqueles que não têm por recompensa dos golpes que dão ou recebem senão a servidão de outrem? Alguns sempre têm diante dos olhos a felicidade de sua vida passada e a expectativa da mesma alegria para o futuro. Eles pensam menos nas dores, nos sofrimentos momentâneos da batalha do que nos tormentos que, vencidos, eles terão de suportar para sempre, eles, seus filhos e toda a sua prosperidade. Os outros não têm outro estímulo senão uma ponta de cupidez que, de repente, se embota contra o perigo e cujo ardor artificial é quase imediatamente extinto com o sangue de sua primeira ferida. Nas tão famosas batalhas de Miltíades, Leônidas, Temístocles,[8] que datam de dois mil anos e ainda hoje vivem, tão frescas nos livros e na memória dos homens como se tivessem acabado de ser travadas na Grécia, para o bem de Grécia e o exemplo ao mundo inteiro: o que deu a um número tão pequeno de gregos, não o poder, mas a coragem de expulsar aquelas formidáveis frotas das quais o mar mal suportava o peso, de lutar e derrotar tantos e tantas nações que todos os soldados gregos juntos não teriam superado o número de capitães[9] dos exércitos inimigos? Mas também, nessas gloriosas jornadas,[10] estava em questão não tanto a batalha dos gregos contra os persas, do que a vitória da liberdade sobre a dominação, da emancipação sobre a escravidão.[11]

São verdadeiramente milagrosas as histórias de coragem que a liberdade coloca no coração dos que a defendem! Mas o que acontece, em todos os lugares e todos os dias, que um único homem oprima cem mil cidades e as prive de sua liberdade: quem poderia acreditar, se fosse apenas boato e não acontecesse a todo momento e diante de nossos próprios olhos? De novo, se esse fato acontecesse em países distantes e alguém viesse nos contar, quem entre nós não acreditaria que se tratasse de coisa ficta, inventada por divertimento? E, no entanto, esse tirano, sozinho – não há necessidade de combatê-lo, nem de se defender dele; ele derrota a si mesmo, uma vez que o país não consinta com a servidão. Não se trata de lhe arrancar nada, mas apenas de nada lhe dar. Que uma nação não faça nenhum esforço em prol de sua própria felicidade, caso assim o queira; mas que não trabalhe para sua própria ruína. São, portanto, os povos que se permitem, ou antes que se fazem subjugar, uma vez que ao simplesmente se recusarem a servir, eles rompem os laços. É o povo que se subjuga e corta a própria garganta: que, podendo escolher entre a sujeição e a liberdade, rejeita a ser livre e toma para si o jugo; que consente com o próprio mal, ou melhor, o persegue. Se lhe custasse alguma coisa recuperar a liberdade, eu não o exortaria: embora recobrar seus direitos naturais e, por assim dizer, de besta voltar a ser homem, seja de fato o que ele mais deve trazer no coração. E, no entanto, não exijo desse povo tamanha ousadia: não quero sequer que ele aspire a algum tipo de segurança de viver mais à vontade. Mas o quê! Se para ter liberdade, deve-se apenas desejá-la; se para isso basta o querer, haverá nação no mundo que pense estar pagando preço demasiado alto tão somente ao desejar? E que lamenta o desejo de recuperar um bem que se deveria resgatar à custa de sangue, e cuja simples perda reserva a cada homem de honra uma vida amarga e uma morte benfazeja? Certamente, assim como o fogo se faz imenso a partir de uma simples fagulha e fica mais e mais forte, e quanto mais lenha se encontra para queimar, mais ele a devora, mais se consome e acaba por se extinguir quando não se depara com o que o alimente; quanto mais, por sua vez, os tiranos saqueiam, mais o exigem; quanto mais arruínam e destroem, mais lhes fornecemos, mais os empanturramos; ficam mais fortes e estão sempre mais dispostos a aniquilar e destruir tudo; mas se nada lhes for dado, se ninguém lhe obedecer; ainda que sem luta ou combate contra eles, eles quedam nus e derrotados: como árvore que não recebe mais seiva e alimento pela raiz e logo se reduz a um galho seco e morto.

Para alcançar o que bem almeja, o homem de ação não teme qualquer perigo, o trabalhador não se deixa abater por qualquer pena. Apenas os covardes e os entorpecidos não sabem suportar o mal, nem recobrar o bem a que pontualmente aspiram. A energia para reivindicá-lo lhes é subtraída por sua própria covardia; não lhes resta mais do que o desejo natural de possuí-lo. Tal desejo, essa vontade inata, comum aos sábios e tolos, aos valentes e covardes, os faz desejar todas as coisas cuja posse os faria felizes e contentes. Só existe uma que os homens, não sei por que, nem têm força para desejar – é a liberdade, tão imenso e doce bem!, que, tão logo se perde, todos os males se sucedem; e
      sem a qual quaisquer outros bens, corrompidos
      pela servidão, perdem inteiramente o gosto e o

sabor. A liberdade apenas, os homens a menosprezam, assim me parece, pois se a quisessem, a teriam: como se se recusassem em levar essa preciosa conquista a cabo por ser demasiado fácil.

Gente pobre e miserável, povos insensatos, nações que perseveram no mal e fecham os olhos ao bem – vós vos deixais ser privados, sob vossos próprios olhos, do mais belo e certo de vossos rendimentos; permitis o saque de vossos campos, a devastação de vossas casas, a espoliação da antiga mobília de vossos ancestrais! De tal maneira viveis que nada mais vos pertence. Parece que doravante consideraríeis grande felicidade que vos fosse deixado apenas metade de seus bens, de suas famílias, de suas vidas. E toda essa destruição, esses infortúnios, essa ruína, enfim, vos advém não dos inimigos, mas, sem sombra de dúvida, do inimigo e daquele mesmo que fizestes tal qual ele é, por quem ides tão corajosamente à guerra e por cuja vaidade vossa gente nela enfrenta a morte a cada instante. No entanto, tal senhor dispõe apenas de dois olhos, duas mãos, um corpo e nada mais do que menor dos habitantes do *infinito número* de nossas cidades. O que ele tem mais do que vós são os meios que a ele forneceis para vos destruir. De onde ele tira os Argos[12] que em legião vos vigiam,[13] senão de vossas fileiras? Como dispõe ele de tantas mãos para vos golpear, se não as tomadas de empréstimo a vós? Os pés com que ele esmaga as vossas cidades não são também vossos? Como tem ele poder sobre vós, senão através de vós mesmos? Como ele se atreve a vos atacar, se não tivesse entendimento convosco? Que mal ele vos poderia fazer se não fôsseis os receptadores do ladrão que vos saqueia, os cúmplices do assassino que vos mata e traidores de vós mesmos? Semeais vossos campos, para que ele os possa destruir; mobiliais e ocupais vossas casas para alimentar-lhe a rapina; educais vossas filhas para que nelas ele possa satisfazer a luxúria;[14] alimentais vossos filhos, para que os torne soldados (que felicidade eles têm!) e os conduza à carnificina, para os tornar ministros de suas ambições, os executores da sua vingança.[15] Vós vos exauris para que ele possa regalar-se em suas iguarias e chafurdar em seus prazeres imundos. Debilitais-vos para que ele se faça mais forte, mais duro e vos prenda à rédea mais curta: e de tantas indignidades, que nem mesmo as bestas feras, elas mesmas, se dariam a sentir ou suportar, podereis vos livrar, sem nem ao menos tentar fazer, mas somente ao procurar querer. Estejais decididos a não mais servir e sereis livres. Não quero que o confronteis, nem que o abaleis, mas somente que não o sustenteis, e o vereis como um grande colosso do qual se subtrai a base e que, então, tomba sob o próprio peso e se despedaça.[16]

Dizem os médicos que é inútil tentar a cura de feridas incuráveis; e talvez eu me equivoque em querer dar esses conselhos ao povo, que, passado tanto tempo, parece ter perdido toda a sensibilidade ante o mal que o aflige – evidência de que sua doença é fatal. Procuremos descobrir, porém, caso seja possível, como essa obstinada vontade de servir tem raízes tão profundas, que nos levam a crer que, de fato, o amor mesmo à liberdade não é tão natural.

Em primeiro lugar, creio eu, sem dúvida, que se vivêssemos com os direitos recebidos da natureza e segundo os preceitos que ela ensina, estaríamos naturalmente sujeitos aos nossos pais, súditos da razão, mas não escravos de quem quer que fosse. É certo que cada um de nós sente em si mesmo, no próprio coração, o impulso instintivo de obediência ao pai e à mãe. Quanto a saber se a razão é ou não inata a nós (questão debatida a fundo nas academias e longamente trazida à baila nas escolas de filósofos), não penso errar ao acreditar que em nossa alma existe um germe da razão, que, reaquecido pelo bom conselho e pelo bom exemplo, produz virtude em nós; enquanto, ao contrário, sufocado pelos vícios que não raro surgem, esse mesmo germe aborta. Mas o que existe de claro e evidente para todos, e que ninguém estará em condições de negar, é que a natureza, agente primeira de Deus, benfeitora dos homens, a nós todos criou do mesmo modo e nos verteu até certo ponto no mesmo molde para nos mostrar que somos todos iguais, ou melhor, todos irmãos. E se ela, na partilha que nos fez de seus dons, concedeu a alguns mais vantagens de corpo ou mente do que a outros, de qualquer modo ela nunca pôde querer nos colocar neste mundo como num campo fechado, e não mandou para cá os mais fortes e engenhosos como bandidos armados em uma floresta para nela acossar os mais fracos. Em vez disso, devemos acreditar que, ao produzir desse modo as partes, para alguns as maiores, para outros as menores, ela quis fazer nascer nelas o afeto fraternal e colocá-los em posição de praticá-lo; com alguns tendo o poder de trazer ajuda e outros dela necessitando: então, uma vez que esta boa mãe nos deu a *todos* a terra inteira para um lar, alojou-nos *todos* sob o mesmo grande teto, e amassou *todos* na mesma massa para que, como em um espelho, cada qual se reconheça no próximo; se ela nos deu a todos este belo dom da voz e da fala para nos aproximarmos uns dos outros e confraternizarmos, e pela comunicação e troca de pensamentos fôssemos levados a uma comunidade de ideias e vontades; se buscou, por todos os meios, formar e cerrar o nó de nossa aliança, os laços de nossa sociedade; se, enfim, mostrou em todas as coisas o desejo de que fôssemos não apenas unidos, mas de que juntos fizéssemos, por assim dizer, um só ser. Podemos, assim, duvidar por um só instante de que somos *todos* naturalmente livres, pois somos *todos* iguais e pode passar pela cabeça de qualquer pessoa que, tendo nos posto *todos* na mesma companhia, ela teria querido que alguns fossem escravos.[17]

A bem da verdade, porém, é deveras penoso discutir se a liberdade é natural, uma vez que nenhum ser, sem o ônus de grave prejuízo, pode ser mantido em cativeiro e nada no mundo é mais contrário à natureza (plena de razão) do que a injustiça. O que dizer ainda? Que a liberdade é natural e, em minha opinião, não só nascemos com a nossa liberdade, como também com a vontade de a defender. E, se por acaso, há alguns que ainda duvidam e são a tal ponto embrutecidos que ignoram os bens e os afetos inatos que lhes são próprios, é mister que se lhes faça as merecidas honras e se eleve, por assim dizer, as bestas feras à tribuna para ensinar aos homens sua própria natureza e condição. As feras (Deus me ajude!), se os homens desejam entendê-las, berram-lhes: Viva a liberdade! Muitas delas morrem assim que são capturadas. Como os peixes que perdem a vida ao serem retirados da água, elas se deixam morrer para não sobreviver à sua liberdade natural. (Se os animais tivessem posição e preeminência entre si, fariam, em minha opinião, da liberdade sua nobreza.) Outros, do maior ao menor, quando presos, produzem uma tal resistência de cravos, chifres, pés e bico que demonstram suficientemente, por isso, o preço que atribuem ao bem que lhes é tirado. Assim, uma vez cativos, dão tantos sinais aparentes do sentimento de sua infelicidade, que é belo os ver, doravante, definhar em vez de viver, sem que jamais possam sentir-se à vontade na servidão e lamentando-se continuamente pela liberdade de que foram privados. Que significa, com efeito, a ação do elefante – que, tendo-se defendido ao limite das forças e sem que lhes reste mais esperanças, no momento em que será apanhado bate a mandíbula e arrebenta as presas contra as árvores –, senão que, inspirado pelo grande desejo de permanecer livre, como é por natureza, concebe a ideia de barganhar com os caçadores, para ver se, ao preço dos dentes, é capaz de se desfazer da captura, e se, seu marfim, deixado para resgate, pagará sua liberdade. E o cavalo! Desde o nascimento o treinamos para a obediência; e, no entanto, nossos cuidados e nossas carícias não impedem que, enquanto o queremos domesticar, ele não morda o freio, que não dê coices quando o estimulamos; naturalmente querendo indicar por isso (parece-me) que se ele é útil, não é por bom grado, mas por constrangimento. O que diremos ainda?...

> *Os bois mesmos gemem sob o jugo,*
> *choram os pássaros em suas gaiolas,*

como outra feita disse em versos, em meus momentos de lazer.

Assim,[18] visto que todo ser dotado do sentimento de sua existência sente o infortúnio da sujeição e busca a liberdade: uma vez que os animais, mesmo aqueles criados para o serviço do homem, não podem a ela se submeter, senão depois de haver protestado um desejo contrário; que infeliz vício teria sido capaz de desnaturar o homem – o único verdadeiramente nascido para viver livre – a ponto de o fazer perder a memória do seu primeiro estado e a própria vontade de recuperá-lo?

Existem três tipos de tiranos. Falo dos maus Príncipes. Alguns tomam posse do Reino[19] pela eleição do povo, outros pela força das armas, e outros por sucessão da raça. Aqueles que o adquiriram pelo direito da guerra nele se comportam – como muito bem se sabe e muito bem se diz –, como em terra conquistada. Os que nasceram reis, via de regra, não são melhores; nascidos e alimentados no seio da tirania, nutrem-se do leite natural do tirano, julgam os povos que a eles estão sujeitos como seus servos hereditários; e, de acordo com o pendor que lhe seja mais íntimo, avaros ou pródigos, usam o Reino como sua própria herança. Quanto àquele que emana seu poder do povo, a princípio deveria ser mais suportável e, creio eu, seria, se, tão logo se visse erguido em lugar tão elevado, acima de todos os outros, envaidecido por não sei o quê a que damos o nome de *grandeza*, não tomasse ele a firme resolução de não descer mais. Ele quase sempre considera o poder que o povo lhe confiou como algo a ser transmitido aos seus filhos – e, assim que tirano e filhos concebem esta ideia fatal, é realmente estranho ver o quanto estes últimos superam quaisquer outros tiranos em toda sorte de vícios e mesmo de crueldades. Eles não encontram maneira melhor de consolidar sua nova tirania do que mediante o recrudescimento da servidão e um tal afastamento das ideias de liberdade das mentes de seus súditos que, por mais recente que seja a sua lembrança, esta não tarda a se apagar completamente de sua memória. Assim, para falar a verdade, vejo diferenças entre esses tiranos, mas não uma escolha a ser feita: pois, se por um lado chegam ao trono por caminhos diferentes, sua forma de reinar é sempre mais ou menos a mesma. Os eleitos do povo tratam-no como um touro a ser domesticado; os conquistadores, como uma presa sobre a qual têm todos os direitos; os herdeiros, como um rebanho de escravos que naturalmente lhes pertence.

Nesse sentido, pergunto: se quisesse o acaso que nascesse hoje uma gente absolutamente nova, que estivesse nem acostumada à sujeição, nem seduzida pela liberdade, ignorando-lhes até mesmo os nomes, e que lhes fosse oferecida a opção de serem súditos ou de viver em liberdade; qual seria sua escolha? Sem dúvida, prefeririam obedecer à sua própria razão do que servir a um homem, a menos que fossem como aqueles judeus de Israel, que, sem motivo ou coerção de qualquer espécie, deram a si mesmos um tirano,[20] e cuja história nunca li sem sentir extrema indignação, que quase me levaria a ser desumano para com eles, a ponto de me alegrar por todos os males que posteriormente se lhes acometeram. Pois, para que os homens, enquanto neles subsistir vestígio de homem, se deixem subjugar, é preciso haver uma coisa ou outra: ou são acossados, ou são iludidos: acossados, quer por armas estrangeiras, como Esparta e Atenas foram por Alexandre; quer por facções, como quando, muito antes dessa época, o governo de Atenas caiu nas mãos de Pisístrato.[21] Iludidos, eles também perdem a liberdade; porém, é menos amiúde pela sedução de outros do que por sua própria cegueira. Assim, o povo de Siracusa (outrora a capital da Sicília), atacado por todos os lados por inimigos, pensando apenas no perigo do momento e sem previsão do futuro, elegeu Dionísio I e entregou-lhe o comando geral do exército. O povo não percebeu que o havia tornado tão poderoso até que esse astuto patife, retornando vitorioso à cidade, como se tivesse vencido não seus inimigos, mas seus concidadãos, primeiro se autoproclamou *capitão rei*[22] e depois *rei tirano*.[23] Não se poderia imaginar *até que ponto* um povo assim subjugado pela perfídia de um traidor cai na degradação, e mesmo em um esquecimento tão profundo de todos os seus direitos, que é quase impossível despertá-los de seu torpor para que os reconquistem, servindo tão bem e com tanta vontade que se diria, ao vê-lo, que não só perdeu a sua liberdade, mas também a sua própria *servidão*, para quedar entorpecido sob a mais embrutecedora *escravidão*.[24] É verdade que, no início, é contra a vontade e à força que se serve; mas posteriormente se torna costume, e os que vêm depois, nunca tendo conhecido a liberdade, nem mesmo sabendo o que é, servem sem o lamentar e fazem voluntariamente o que seus pais só fizeram por coação. Assim são os homens que nascem sob o jugo, alimentados e criados na servidão; sem olhar para mais longe, contentam-se em viver como nasceram; e não acreditando que têm quaisquer outros direitos ou bens além dos que encontraram ao adentrar a vida, tomam por seu estado de natureza, o próprio estado de nascimento. No entanto, não há herdeiro, por mais pródigo ou indiferente que seja, que um dia não olhe seus registros para ver se goza de todos os direitos de sua sucessão, e para verificar se não foram usurpados os seus ou os de seu antecessor. No entanto, o hábito que, em todas as coisas, exerce influência tão grande sobre todas as nossas ações, tem antes de tudo o poder de nos ensinar a servir: é ele que, a longo prazo (como nos é dito de Mitrídates, que acaba por se acostumar ao veneno) consegue nos fazer engolir, sem repugnância, o veneno amargo da servidão. Não há dúvida de que é a natureza que primeiro nos dirige segundo as boas ou más inclinações que ela nos deu; mas também devemos concordar que ela tem ainda menos poder sobre nós do que o hábito; pois, por melhor que seja o natural, ele se perde se não for cultivado; enquanto o hábito sempre nos molda à sua própria maneira, apesar de nossas inclinações naturais. As sementes do bem que a natureza coloca em nós são tão frágeis e tênues que não resistem ao menor choque das paixões ou à influência de uma educação que as frustra. Elas não se conservam melhor, também se estragam e até mesmo se degeneram facilmente; como acontece com essas árvores frutíferas que tem cada qual sua particularidade, conservando-a tanto quanto se lhes deixam crescer naturalmente; e perdendo-a ao dar frutos de todo diversos que lhes são enxertados. As ervas também têm cada qual sua propriedade, naturalidade e singularidade: no entanto, o frio, o clima, o solo ou a mão do jardineiro sempre deterioram ou melhoram sua qualidade; a planta que vimos em uma região não raro não se reconhece em outra. Quem tenha visto em seus lares os venezianos,[25] um punhado de gente que vive tão livremente que os mais infelizes dentre eles não gostariam de ser rei e que, todos igualmente nascidos e alimentados, não conhecem outra ambição senão a de vigiar ao máximo a conservação de sua liberdade; assim ensinados e formados desde o berço, que não trocariam um pouco de sua liberdade por todas as demais felicidades humanas: quem visse, vos digo, esses homens e, depois, deixando-os, se dirigisse os domínios daquele a quem chamamos de grão-senhor, ao ali se deparar com pessoas que nasceram unicamente para servi-lo e que dedicam inteiramente suas vidas à manutenção de seu poder – quem as visse pensaria que esses dois povos são da mesma natureza? Ou, antes: não acreditaria ele que, deixando uma cidade de homens, adentrou um parque de bestas?[26] Conta-se que Licurgo, legislador de Esparta, alimentou dois cães, ambos irmãos, ambos amamentados do mesmo leite[27] e os acostumou, um ao fogo doméstico, e o outro a correr pelos campos, ao som da trompa e da trombeta.[28] Ao desejar demonstrar aos lacedemônios a influência da educação ao natural, ele apresentou os dois cães em praça pública e colocou entre eles uma sopa e uma lebre: um correu ao prato, e o outro à lebre. Vede, ele disse, e mesmo assim são irmãos! Este legislador soube dar uma tão boa educação aos lacedemônios que cada um deles teria preferido sofrer mil mortes, em vez de se submeter a um senhor ou reconhecer outras instituições que não as de Esparta.

Sinto certo prazer em recordar, aqui, uma das histórias favoritas de Xerxes, o grande rei da Pérsia, a respeito dos espartanos. Enquanto realizava os preparativos para a guerra com que pretendia subjugar toda a Grécia, Xerxes enviou embaixadores a várias cidades da península para que exigissem "água e terra" (fórmula simbólica usada pelos persas para ordenar a rendição das cidades), porém teve o cuidado de não enviar nenhum, nem a Esparta, nem a Atenas, porque espartanos e atenienses, a quem seu pai, Dario, havia enviado alguns em outro tempo para que fizessem exigência similar, os haviam lançado, uns em valas, outros em um poço, dizendo-lhes: "Sede valentes, pegai daí a água e a terra e levai-as ao vosso príncipe". Em verdade, esses orgulhosos republicanos não podiam permitir que sua liberdade fosse atacada sequer pela menor palavra. Ao terem agido dessa forma, porém, os espartanos admitiram que ofenderam seus deuses e, em especial, Taltíbio,[29] deus dos arautos. Decidiram então, para apaziguá-los, enviar a Xerxes dois de seus concidadãos para que, dispondo deles como quisesse, ele se vingasse do assassinato dos embaixadores de seu pai. Dois espartanos; um chamado Espértias e o outro Búlis se ofereceram como vítimas voluntárias. Ambos partiram. Chegados ao palácio de um persa, chamado Hidarnes, lugar-tenente do rei para todos os que estivessem na costa do mar, este último os acolheu com muita honra e, depois de muitas outras palavras, perguntou-lhes por que rejeitavam com tanto orgulho a amizade do grande rei?[30] "Vede pelo meu exemplo", acrescentou ele, "como o rei sabe recompensar aqueles que o merecem, e crede que, se estivésseis a seu serviço, e ele vos conhecesse, vós serieis governadores de alguma cidade grega". "Quanto a isso, Hidarnes,[31] não podes nos dar bons conselhos", responderam os lacedemônios; "pois se já experimentaste a felicidade que nos promete, ignoras inteiramente a felicidade de que desfrutamos. Experimentaste o favor de um rei, mas não sabes o quão doce é a liberdade, nada sabes da felicidade que ela traz. – Oh! – se tivesses ao menos uma ideia, nos aconselharias a defendê-la, não só com lança e escudo, mas com unhas e dentes". Apenas os espartanos diziam a verdade; mas cada qual falava aqui de acordo com a educação que recebeu. Pois era impossível ao persa lamentar a liberdade de que nunca desfrutou; e os lacedemônios, pelo contrário, tendo saboreado essa doce liberdade, nem mesmo concebiam que se pudesse viver em escravidão.

Catão de Utica, ainda criança e sob a tutela do mestre, ia mui amiúde ver Sila, o ditador, em cujo palácio tinha entrada franca, tanto em razão da posição de sua família como pelos laços de parentesco que os uniam. Nessas visitas, sempre estava acompanhado de seu preceptor, como era o costume em Roma para os filhos dos nobres da época. Certa feita, ele viu que na própria residência de Sila, em sua presença, ou por ordens suas, alguns eram presos, outros condenados; um foi banido, outro estrangulado; um exigiu o confisco dos bens de um cidadão, outro lhe pediu a cabeça. Em suma, tudo se passava ali, não como na residência de um magistrado da cidade, mas como na habitação de um tirano do povo; e ali se via não o santuário da justiça, mas uma caverna da tirania. Essa nobre criança disse a seu preceptor: "Por que não me dás um punhal? Eu o esconderei debaixo de minha toga. Costumo entrar no quarto de Sila antes de ele acordar... meu braço é forte o suficiente para libertar a república". Eis aí o verdadeiro pensamento de um Catão; era esse o começo de uma vida digna da morte que conheceu. E, no entanto, cale o nome e o país, conte unicamente o fato como é – ele fala por si mesmo: não diremos de pronto que essa era uma criança romana, nascida em Roma, na Roma verdadeira, e quando era livre? Por que razão digo isto? É certo que não pretendo que país e solo aperfeiçoem qualquer coisa, pois em toda e qualquer parte a escravidão é odiosa para os homens, e a liberdade lhes é cara; mas porque me parece que devemos ter compaixão àqueles que, ao nascer, já se encontram sob jugo; que devemos desculpá-los ou perdoá-los se, uma vez que jamais conheceram mesmo a sombra da liberdade, nem jamais ouviram falar dela, não padecem do infortúnio de serem escravos. Se de fato (como diz Homero a respeito dos Cimérios),[32] há terras em que o sol se mostra bem distinto daquele que vemos e que, depois de as iluminar por seis meses consecutivos, as deixa no escuro por outros seis meses, seria de se espantar que aqueles que nascessem durante essa longa noite, se não tivessem ouvido falar da claridade, nem nunca vissem o dia, se habituassem às trevas em que nasceram e não desejassem a luz? Nunca se lamenta aquele que jamais soube o que é ter; a aflição só vem depois do prazer e sempre, ao conhecimento do bem, sucede a memória de alguma alegria passada. É da natureza do homem ser livre e desejar ser livre; mas ela muito facilmente toma outra forma, quando a educação lhe dá.

Digamos, portanto, que, se todas as coisas às quais o homem se acostuma e se molda tornam-se-lhe naturais, só permanece em sua natureza, por outro lado, aquilo que é simples e não conhece adulteração: assim, a primeira razão para a *servidão voluntária* é o hábito; como acontece com os mais ariscos *courtards*[33] que primeiro mordem o freio e depois brincam com ele; que, se a princípio se punham aos coices sob a sela, por fim se apresentam sob arreios brilhantes e, muito orgulhosos, mostram-se altivos e vaidosos sob a armadura que os cobre. Dizem que sempre foram súditos, que assim viveram seus pais. Pensam que devem suportar o freio, persuadem-se pelo exemplo e consolidam, por força do tempo, o jugo daqueles que os tiranizam. Mas será que os anos dão o direito de fazer o mal? E o insulto prolongado não configura insulto maior? Ainda assim, há alguns que, mais orgulhosos e inspirados do que os outros, sentem o peso da canga e não conseguem deixar de sacudi-la; que nunca se submetam à sujeição e que, sempre e incessantemente (como Ulisses que busca, por terra e por mar, reencontrar a fumaça de sua casa), cuidam para não esquecer seus direitos naturais e se apressam em reivindicá-los a cada ocasião. Aqueles que têm entendimento cristalino e espírito perspicaz não se contentam, como os ignorantes nas trevas, em ver o que está a seus pés, sem olhar para trás ou para a frente; pelo contrário, recordam coisas do passado para melhor julgar o presente e prever o futuro. São aqueles que, tendo a mente por si só justa, ainda a retificaram mediante estudo e conhecimento. Estes, quando a liberdade estivesse de todo perdida e banida deste mundo, a saberiam trazer de volta; pois, sentindo-a intensamente, tendo-a saboreado e retido-lhe o germe em suas mentes, a servidão jamais poderia seduzi-los, por melhor que estivesse vestida.

O Grão-Turco bem notou que os livros e a sã doutrina inspiram nos homens, mais do que qualquer outra coisa, o sentimento de sua dignidade e o ódio à tirania. Além disso, li que, no país que ele governa, não há mais eruditos do que os desejados por ele. E nos demais lugares, ainda que grande seja o número daqueles que são fiéis à liberdade, os cuidados e o carinho que a ela dedicam permanecem sem efeito, uma vez que não sabem se entender entre si. Os tiranos privam-nos de toda liberdade de fazer, falar e praticamente de pensar, e eles quedam totalmente isolados em sua vontade em favor do bem: razão tinha Momo,[34] portanto, que censurou o homem forjado por Vulcano por não ter em seu coração uma janelinha através da qual se pudesse ver seus pensamentos mais secretos. Foi relatado que, durante seu esforço de libertação de Roma, ou melhor, de todo o mundo, Bruto e Cássio não queriam de forma alguma que Cícero, este grande e belo narrador, se é que algum dia houve um, dele participasse, julgando seu coração muito fraco para tão grande feito. Tinham fé em sua boa vontade, mas não em sua coragem. E no entanto, quem quiser se lembrar dos tempos passados e consultar os registros antigos, ficará convencido de que quase todos aqueles que, vendo seu país mal conduzido e em mãos ruins, constituíram o projeto de libertá-lo, facilmente levaram a cabo seu intento, e que, por conta própria, a liberdade sempre vem em seu auxílio; como Harmódio, Aristogitão,

Trasíbulo, Bruto, o velho, Valério e Dião,³⁵ que conceberam um projeto tão virtuoso e o realizaram com felicidade. Para tais feitos, quase sempre a firmeza de propósito garante o sucesso. Cássio e Marco Bruto conseguiram golpear César para libertar seu país da escravidão. Foi quando tentaram restaurar a liberdade ali que morreram, é verdade; mas gloriosamente, pois quem ousaria encontrar alguma coisa para culpar, seja em sua vida, seja em sua morte? Foi, pelo contrário, um grande infortúnio e causou toda a ruína da República, que, ao que me parece, foi sepultada com eles. As outras tentativas desde então empreendidas contra os imperadores romanos foram apenas conspirações de alguns ambiciosos cujo fracasso e mau final não devem ser lamentados, sendo evidente que queriam, não derrubar o trono, mas vilipendiar a coroa,³⁶ com o objetivo apenas de expulsar o tirano e conservar a tirania.³⁷ Quanto a eles, ficaria muito triste se tivessem conseguido e estou feliz que tenham mostrado com seu exemplo que não se deve abusar do santo nome da liberdade para realizar um propósito ruim.³⁸

Para retornar a meu assunto, porém, que quase perdi de vista; a razão primeira pela qual os homens servem voluntariamente é que nasceram servos e foram educados como tais. Disto decorre naturalmente uma segunda: que, sob tiranos, os homens necessariamente quedam covardes e efeminados, tal como muito judiciosamente, em minha opinião, observou o grande Hipócrates, o pai da medicina, em um de seus livros intitulado *Das enfermidades*.³⁹ Este homem de grande dignidade decerto tinha bom coração e o demonstrou claramente na ocasião em que o rei da Pérsia desejou atraí-lo para seu lado mediante oferecimentos e grandes presentes; pois ele respondeu com honestidade⁴⁰ que seria um caso de consciência ocupar-se de remediar os bárbaros que queriam destruir os gregos e fazer qualquer coisa de útil àquele que queria subjugar a Grécia, sua pátria. A carta que lhe escreveu sobre isso está entre as outras obras e para sempre testemunhará seu bom coração e seu belo caráter. É certo, portanto, que com a liberdade também perdemos de pronto o brio, os escravos não têm ardor nem constância no combate. A ele se encaminham unicamente sob coerção, por assim dizer entorpecidos, e com grande pena cumprindo um dever: não sentem arder em seus corações o fogo sagrado da liberdade que nos faz enfrentar todos os perigos e desejar uma morte bela e gloriosa que nos honra para sempre com nossos semelhantes. Com os homens livres, ao contrário, é a vontade, a obra dos melhores, um por todos e todos por um: eles sabem que recolherão iguais parcelas no infortúnio da derrota ou na felicidade da vitória; mas as gentes submissas, desprovidas de coragem e vivacidade, trazem ignomínia e apatia nos corações e são incapazes de qualquer grande feito. Os tiranos bem o sabem: por isso, fazem o possível para torná-los cada vez mais fracos e covardes.

O historiador Xenofonte, um dos mais sérios e estimados entre os gregos, escreveu um livrinho[41] no qual faz dialogarem Simônides e Hierão, rei de Siracusa, sobre as agruras do tirano. O livro está repleto de boas e sérias lições, as quais, em minha opinião, também estão ungidas de infinita graça. Oxalá todos os tiranos que já existiram o tivessem colocado diante de si à guisa de espelho. Certamente teriam ali reconhecido seus próprios vícios e corado de vergonha. O tratado fala do padecimento experimentado pelos tiranos que, levando prejuízo a todos, são obrigados a temer o mundo inteiro. Diz, entre outras coisas, que reis maus colocam tropas estrangeiras a seu serviço, pois não ousam colocar armas nas mãos de seus súditos, a quem impõem mil maneiras de maus tratos. Alguns reis, na própria França (ainda mais antigamente do que hoje), contaram com tropas estrangeiras a seu serviço, mas antes para poupar seus próprios súditos, não medindo, para a realização de um tal objetivo, a despesa exigida por sua manutenção.[42] Ademais, essa era a opinião de Cipião (o grande Africano, julgo eu), que preferia, dizia ele, ter salvo a vida de um cidadão a ter subjugado uma centena de inimigos. Mas o que existe de bem positivo é que o tirano jamais crê ter assegurado seu poder, senão quando chega ao ponto de ter por súditos tão somente homens desprovidos de qualquer valor. Poderíamos dizer-lhe o que, segundo Terêncio,[43] Trasão disse ao mestre dos elefantes: "Consideras-te corajoso por ter domesticado feras?"

Mas esse estratagema dos tiranos de embrutecer seus súditos nunca se fez mais evidente do que na conduta de Ciro em relação aos lídios, depois de ter se apoderado de Sardes, capital da Lídia, e feito prisioneiro e cativo a Creso, esse rei tão rico, que se havia rendido e submetido a seu arbítrio. Chegaram a ele notícias de que os habitantes de Sardes se haviam rebelado. Não tardaria para que os reduzisse à obediência. Contudo, por não querer saquear tão bela cidade, nem ser permanentemente obrigado a manter ali um exército para controlá-la, ele vislumbrou um expediente extraordinário para assegurar-lhe o domínio: instituiu casas de devassidão e de prostituição, tavernas e jogos públicos e baixou decreto que incitava os cidadãos a que se entregassem a todos esses vícios. De tal forma lhe aprouve essa espécie de exército que, posteriormente, não se fez mais necessário desembainhar a espada contra os lídios. Esse povo miserável se distraía a inventar toda a sorte de jogos, de maneira que, a partir de seu próprio nome, os latinos constituíram a palavra com a qual designavam o que chamamos de *passatempo*, *ludi*, corruptela de *lidi*. Nem todos os tiranos declararam tão expressamente que desejavam tornar fracos seus súditos; mas, de fato, o que este ordenou tão formalmente, a grande maioria o fez secretamente. A bem da verdade, basta o pendor natural da porção ignorante do povo, que costuma ser mais numeroso nas cidades. Ele desconfia de quem o ama e a ele se dedica, enquanto confia em quem o engana e trai. Não pensem que não há pássaro que mais bem se deixe levar pela imitação de seu canto, nem peixe que, pela gula, morda mais rápido e se prenda mais depressa ao anzol, do que todos esses povos que se permitem prontamente seduzir e se conduzir à servidão pela menor doçura que se lhes produza ou lhes caia no gosto. É de fato extraordinário que se deixem levar tão celeremente, por pouco que se lhes façam cócegas. Os teatros, jogos, farsas, espetáculos, gladiadores, animais exóticos, medalhas, pinturas e outras drogas dessa espécie eram para os povos antigos a isca da servidão, a compensação de sua liberdade arrebatada, os instrumentos da tirania.[44] Esse sistema, essa prática, essas seduções eram os meios empregados pelos antigos tiranos para embotar seus súditos na servidão. Assim, os povos embrutecidos, julgando belos todos esses passatempos, distraídos por um vão prazer que os deslumbrava, acostumaram-se a servir assim nesciamente, porém ainda pior do que criancinhas aprendendo a ler com iluminuras. Os tiranos romanos foram ainda mais longe nesses meios, muitas vezes oferecendo banquetes aos homens das decúrias,[45] empanturrando essa gente bruta e lisonjeando-as no que eram mais suscetíveis ao domínio, o prazer da boca. Do mesmo modo o mais educado entre eles não teria abandonado a tigela de sopa para recuperar a liberdade da *república de Platão*.[46] Os tiranos distribuíam amplamente o quarto de trigo, o sesteiro de vinho, o sestércio;[47] donde era deveras uma pena ouvi-los gritar *Viva o rei!* Os brutos não percebiam que, em receber todas essas coisas, apenas recuperavam uma parte de seus próprios bens; e que essa mesma porção que recobravam, o tirano não lhes poderia ter dado, se, de antemão, não a tivesse tomado de si mesmos. Esses que hoje pegavam o sestércio e empanturravam-se no banquete público, abençoando tanto Tibério quanto Nero por sua liberalidade, no dia seguinte eram forçados a ceder seus bens à cupidez, seus filhos à luxúria e mesmo sua posição à crueldade desses magníficos imperadores, não falavam mais do que uma pedra e não se moviam mais do que uma batata. O povo ignorante e embrutecido sempre foi o mesmo. Ao prazer que não pode honestamente receber, ele é inteiro disposição e lascívia; ao mal e à dor que não pode razoavelmente suportar, inteiramente impassível. Não conheço hoje pessoa que, ao tão somente ouvir falar de Nero, não trema ante o nome deste monstro execrável, desta besta vil, feroz, imunda, e não obstante, é preciso que o diga, após a sua morte, tão abjeta quanto a sua vida, esse famoso povo romano tanto desagrado experimentou (relembrando seus jogos e festins) que esteve a ponto de lamentá-la. Assim ao menos nos assegura Cornélio Tácito, excelente autor, historiador dos mais verazes e que merece toda a fé.[48] E não nos causará estranheza, se considerarmos o que esse mesmo povo fez ante a morte de Júlio César, que esmagou todas as leis sob os pés e subjugou a liberdade romana. O que se exaltava sobretudo (assim me parece) em tal personagem era sua humanidade, que embora tão celebrada foi mais funesta para seu país do que a maior crueldade do mais selvagem tirano já visto; porque, de fato, foi essa falsa bondade, essa singeleza envenenada, que adoçou a bebida da servidão ao povo romano. Assim, após a sua morte, aquele povo que ainda na boca trazia o gosto de seus banquetes e na mente a memória da sua generosidade amontoou-se nos bancos da praça pública[49] para homenageá-lo em uma grande pira e reduzir seu corpo a cinzas; em seguida, ergueu-lhe uma coluna[50] como o *Pai da pátria* (assim dizia o capitel), e finalmente lhe concedeu mais honra, morto como estava, do que deveria ter rendido a homem do mundo, se não àqueles que o tinham matado. Os imperadores romanos jamais se esqueciam de tomar o título de tribuno da plebe, tanto porque este ofício era considerado santo e sagrado, quanto porque se havia instituído para a defesa e proteção do povo e era tido em grande conta no Estado. Dessa forma, asseguravam que o povo confiaria mais neles, como se lhes bastasse ouvir o nome de tal magistratura, sem que sentissem seus efeitos.

Mas não fazem muito melhor os de hoje, que antes de levarem a cabo seus crimes, mesmo os mais aviltantes, sempre os precedem de belos discursos sobre o bem geral, a ordem pública e o socorro aos desafortunados. Conheceis perfeitamente as fórmulas de que se valem com tanta frequência e perfídia.[51] E bem: em alguns deles não há espaço sequer para o requinte, tanto e tamanho é o seu atrevimento. Os reis da Assíria e, depois deles, os reis medos, não apareciam em público senão o mais tarde possível, de forma a fazer o povo supor que conservavam algo de sobre-humano em si e a deixar em tal devaneio as gentes que alçam à imaginação as coisas que ainda não viram. Assim muitas nações, que estiveram por muito tempo sob o império desses reis misteriosos, se acostumaram a servi-los, e os serviram com ainda mais boa vontade porque não sabiam quem era seu senhor, ou mesmo se tinham um; de modo que assim viviam com medo de um ser que ninguém jamais havia visto. Os primeiros reis do Egito raramente se revelavam ao público sem carregar ora um ramo, ora uma chama sobre a cabeça: assim se mascaravam e se transformavam em saltimbancos. E isso para inspirar por essas estranhas formas respeito e admiração em seus súditos, os quais, não fossem tão estúpidos ou tão degradados, não deveriam mais do que rir ou fazer troça delas. É não menos do que lamentável ouvir acerca de tudo o que fizeram os tiranos de tempos passados para fundar sua tirania; acerca de como se serviram de pequenos expedientes para tanto, sempre encontrando a turba ignorante tão afeita a sua vontade que lhes bastava armar um truque para sua credulidade para que ela a ele aderisse; dessarte, nunca encontraram maior facilidade em enganá-la e nunca a subjugaram melhor do que quando mais se escarneceram dela.[52]

O que direi sobre outra estupidez que os povos antigos consideravam verdade comprovada? Acreditavam eles firmemente que o dedo do pé de Pirro, rei de Épiro, fazia milagres e curava doenças do baço. Tal história ganhou ainda mais ornamento: a ela se acrescentou ainda que, quando o cadáver desse rei foi cremado, o tal dedo do pé foi encontrado nas cinzas, intacto e não afetado pelo fogo. O povo sempre fabricou assim estupidamente, ele mesmo, essas falsas histórias, para depois lhes conferir inacreditável fé. Bom número de autores as escreveu e repetiu, mas de forma tal que é fácil perceber que foram recolhidas às ruas e encruzilhadas. Vespasiano, em seu retorno da Assíria, passando por Alexandria em sua viagem a Roma para tomar o império, fez, dizem, coisas milagrosas.[53] Endireitava os coxos, trazia visão aos cegos e realizava milhares de outras coisas nas quais só poderiam acreditar, em minha opinião, tolos mais cegos do que aqueles que se pretendia curar.[54] Os próprios tiranos achavam muito extraordinário que os homens suportassem que outros os maltratassem. Eles voluntariamente se cobriram com o manto da religião e por vezes se investiram dos atributos da divindade para dar mais autoridade às suas vilezas. Entre outros, Salmoneu,[55] que, por se ter escarnecido do povo ao querer fazer crer que era Júpiter, agora se encontra nas profundezas do inferno onde (segundo a sibila de Virgílio, que ali o viu) expia seu audacioso sacrilégio:

> *Vi também penas cruéis a receber Salmoneu,*
> *ao que os coriscos de Zeus e os sons imita do Olimpo.*
> *Cavalos quatro nas bridas, brandindo tocha, cruzando*
> *os povos gregos, cortando a urbe d'Élide, ovante*
> *ia-se a si reclamando honra divina, demente,*
> *que simular pretendesse no bronze e estrondo os cascos*
> *as trovoadas e o raio inimitável. Das nuvens*
> *densas um dardo pai Júpiter onipotente desfere*
> *– não fumacentas, decerto, luzes em tochas nem fachos*
> *este desfere – e do carro em vasto vórtice o tira.*[56]

se aquele que era apenas um tolo orgulhoso se encontra ali tão bem tratado, penso que esses desgraçados que abusaram da religião para fazer o mal serão ali punidos com mais justiça segundo suas obras.

Nossos tiranos também semearam na França, não sei o quê: os *sapos*, as *flores de lis*, a *âmbula*, a *auriflama*. Todas elas coisas que,[57] da minha parte, e como sói, não quero ainda crer que não sejam mais do que verdadeiros disparates, visto que nossos ancestrais nelas acreditaram e em nosso tempo não tivemos ocasião de suspeitar delas como tais, tendo havido alguns reis tão bons na paz, tão valentes na guerra, que, embora tenham nascido reis, parece que a natureza não os fez como os demais, e Deus os escolheu antes mesmo do seu nascimento para lhes confiar o governo e a custódia deste reino.[58] Ainda que tais exceções não existissem, não gostaria de entrar em debate acerca da veracidade de nossas histórias, nem as destrinchar com demasiada liberdade de forma que me aproprie indevidamente desse belo tema, sobre o qual poderão debater aqueles dentre nossos autores que se ocupam de nossa poesia francesa, não só melhorada, mas, por assim dizer, renovada por nossos poetas Ronsard, Baïf e du Bellay, que com tanto realizam tamanhos progressos em nossa língua que em breve, ouso esperar, nada teremos a invejar aos gregos e latinos senão o direito à primogenitura. E certamente prejudicaria muito o nosso ritmo (uso com prazer esta palavra de que gosto) porque, embora vários o tenham tornado puramente mecânico, vejo muitos autores capazes de enobrecê-lo e devolver-lhe o seu primeiro lustro – digo: eu lhe causaria grande dano se lhe roubasse os belos contos do rei Clovis, em que com tanto encanto e leveza se exerce, parece-me, a verve de nosso Ronsard em sua *Franciada*. Intuo seu alcance, reconheço a elegância do espírito e a graça de seu estilo. Ele fará tão bom uso da auriflama quanto os romanos de seus ancis e dos *escudos caídos do céu*[59] de que fala Virgílio. Ele fará um tão bom uso de nossa âmbula quanto os atenienses fizeram da cesta de Erisictão.[60] Falar-se-á ainda do nosso brasão na torre de Minerva. E decerto seria eu muito imprudente em desmentir nossos fabulosos livros e, assim, secar o solo de nossos poetas. Mas, voltando a meu assunto, do qual não sei bem como, tanto me afastei, não é evidente que, para se consolidarem, os tiranos se dedicaram a um contínuo esforço de habituar o povo não apenas à obediência e à servidão, mas também a uma espécie de devoção a lhes ser dedicada? Tudo que disse até agora sobre os meios empregados pelos tiranos para escravizar não é posto em uso por eles senão sobre a parcela ignorante e grosseira do povo.

Chego agora a um ponto que é, segundo penso, o segredo e a causa oculta da dominação, o sustentáculo e fundamento de toda tirania. Engana-se muitíssimo quem pensa que as alabardas das guardas e a instituição de vigilantes constituem a salvaguarda dos tiranos. Antes de neles se fiarem, valem-se deles, creio eu, por forma e como espantalho. Os arqueiros barram a entrada dos palácios aos menos capazes, àqueles que não têm meios alguns de representar uma ameaça; mas não aos ousados e bem armados que podem tentar qualquer ataque. Certamente, é fácil de reconhecer que, entre os imperadores romanos, contam bem menor número os que escaparam do perigo com o auxílio de seus arqueiros do que existem os levados à morte por seus próprios guardas. Não são os bandos de gente a cavalo, as companhias de gente a pé – em suma, não são as armas que defendem um tirano, mas, via de regra (será difícil de acreditar no início, ainda que seja a mais exata verdade), quatro ou cinco homens que lhe dão sustentação e subjugam o país inteiro a ele. Assim sempre foi: cinco ou seis tinham acesso aos ouvidos do tirano e se aproximavam dele mesmo ou eram por ele chamados para serem os cúmplices de suas crueldades, os companheiros de seus prazeres, os consetâneos de sua imunda volúpia e os repartidores de seu butim. Esses seis tão bem preparam seu líder que este se torna mau ante a sociedade não só enquanto agente de sua própria maldade, mas também da deles. Esses mesmos seis conservam sob si outros seiscentos que eles preparam, que eles corrompem tal como corromperam o tirano. Esses seiscentos mantêm sob sua dependência outros seis mil que elevam em distinções, aos quais fazem doar ou o governo das províncias ou o manejo dos fundos públicos para que favoreçam sua cupidez ou sua crueldade, para que as conservem ou as executem à hora acordada e causem, de resto, tanto dano que eles só possam se manter por sua própria tutela, nem se eximir das leis e de suas penas senão por sua proteção.[61] Grande é a série daqueles que vêm depois disso. E quem quiser acompanhar seus vestígios verá que não seis mil, mas cem mil, milhões estão presos ao tirano por essa fileira e formam uma corrente ininterrupta entre si que remonta a ele. Como Homero faz Júpiter contar, que se orgulha, ao puxar semelhante corrente, de trazer os Deuses até si. Daí veio o aumento de poder do Senado sob Júlio César; o estabelecimento de novas funções, a eleição para cargos – decerto não, uma vez bem ponderado, para reorganizar a justiça, mas bem para dar novo suporte à tirania. Em suma, em nome dos ganhos e da parte nos ganhos obtidos com os tiranos, chega-se ao ponto que, por fim, há quase tantos daqueles para quem a tirania é lucrativa quanto daqueles para quem a liberdade seria útil. É assim que, no dizer dos médicos, embora em nosso corpo nada pareça em mau estado, tão logo surja em determinado ponto um tumor, todos os humores se dirigem a essa parte apodrecida: da mesma forma, assim que um rei se declara tirano, todo o mal, toda a vileza do reino – não me refiro a um bando de pequenos patifes e canalhas de reputação perdida, que não podem fazer o mal nem o bem em um país, mas daqueles que, possuídos de uma ambição ardente e uma espantosa cupidez, se reúnem em torno dele e lhe dão suporte para ter participação no butim e serem, sob o grande tirano, igualmente pequenos tiranos. Assim são os grandes ladrões e os famosos corsários: uns descobrem o país, outros perseguem viajantes; uns estão em emboscadas, outros à espreita; alguns massacram, outros despojam; e embora haja patentes e preeminências entre eles, e alguns sejam apenas os serviçais e outros os chefes do bando, ao fim não há quem não lucre, se não do saque principal, ao menos do resultado da busca. Dizemos que não apenas os piratas cilicianos[62] se reuniram em tão grande número que foi necessário enviar contra eles o grande Pompeu; mas que, além disso, atraíram para sua aliança várias belas cidades e grandes urbes em portos das quais, voltando de suas viagens, se colocaram em segurança, dando em troca a essas cidades parte dos saques que haviam ocultado.

É assim que o tirano subjuga os súditos uns aos outros. Tem a guarda daqueles de quem deveria ser guardado, caso não estivessem degradados: mas, como se disse muito bem, para abrir caminho bosque adentro, dele mesmo são feitas as cunhas. Assim são seus arqueiros, seus guardas, seus alabardeiros. Não que estes não sofram mormente com sua opressão; mas esses desgraçados, malditos de Deus e dos homens, encontram satisfação em suportar o mal para infligi-lo, não contra quem o impõe a eles, mas contra os que, como eles, o suportam e nada podem. No entanto, quando penso nessas pessoas, que bajulam o tirano para explorar a um só tempo sua tirania e a servidão do povo, fico quase tão surpreso com sua estupidez quanto com sua maldade.[63] Pois, verdade seja dita: aproximar-se do tirano difere de se afastar da liberdade e, por assim dizer, abraçar e agarrar com as duas mãos a servidão? Que por um instante coloquem de lado sua ambição, que se libertem um pouco de sua sórdida cupidez, e então, que se vejam, que se considerem em si mesmos: verão claramente que esses aldeões, esses camponeses que esmagam sob seus pés e a quem tratam como forçados ou escravos –[64] eles verão, sim, que estes, tão mal conduzidos, são mais felizes e de certo modo mais livres do que eles. O lavrador e o artesão, por mais assujeitados que sejam, são deixados na obediência; mas o tirano vê aqueles que, ao seu redor, maquinam e mendigam-lhe o favor. Não basta que eles façam o que o tirano manda, mas que também pensem o que ele quer, e até mesmo muitas vezes, para satisfazê-lo, que também antecipem seus próprios desejos. Não é tudo uma questão de obediência – é preciso diverti-lo, é preciso que se arrebentem, que se aflijam, que se matem para lidar com seus negócios; e uma vez que eles não encontram prazer senão no prazer do tirano, é preciso que sacrifiquem seu gosto ao dele, que maltratem o próprio temperamento e se despojem de sua naturalidade. É preciso que estejam continuamente atentos às suas palavras, à sua voz, aos seus olhares, aos seus menores gestos: que seus olhos, seus pés, suas mãos estejam continuamente ocupados em seguir ou imitar todos os seus movimentos, espiar e adivinhar seus desejos e descobrir seus pensamentos mais secretos. Isso é viver feliz? É ao menos viver? Existe alguma coisa no mundo mais insuportável do que esse estado, não digo para todos os homens bem nascidos, mas também para aqueles que têm apenas bom senso, ou mesmo um semblante de homem? Que condição é mais miserável do que viver assim sem nada para si e tirando do outro seu bem-estar, sua liberdade, seu corpo e sua vida!

Mas querem servir para acumular bens: como se nada pudessem ganhar que lhes fosse próprio, pois não podem dizer que lhes pertence. E, como se alguém pudesse ter algo de seu sob um tirano, eles querem se poder dizer possuidores de bens, e se esquecem que são eles que lhe dão a força para roubar tudo de todos e não deixar nada que se possa dizer ser de alguém. Eles sabem, entretanto, que são os bens que tornam os homens mais dependentes de sua crueldade; que não há, contra ele e segundo ele, crime mais digno de morte do que a independência, ou *ter algo*; pois ele só ama as riquezas e prefere atacar os ricos, que não obstante vêm apresentar-se a ele como ovelhas a um açougueiro, gordas e fartas, como que para lhe excitar a voracidade. Esses favoritos não deveriam tanto trazer na memória aqueles que ganharam muita riqueza em torno dos tiranos, mas aqueles que, tendo se empanturrado de ouro por um tempo, não tardaram a perder os bens e a vida. Não lhes deveria tanto ocorrer ao espírito quantos outros ganharam riqueza ali, mas antes como foram poucos dentre eles que a conservaram. Que se percorram todas as velhas histórias que se levem em conta e o que se verá de maneira cristalina é quão grande o número daqueles que, tendo chegado por meios indignos aos ouvidos dos príncipes, seja lhes lisonjeando os maus pendores, seja abusando de sua ignorância, quedou esmagada por esses mesmos príncipes, que tanto haviam proporcionado facilidade em elevá-los quanto tiveram a inconstância em conservá-los. Certamente, dentre o grande número daqueles que conheceram proximidade com reis maus, há poucos, ou quase nenhuns, que não experimentaram em si mesmos a crueldade do tirano que haviam anteriormente incitado contra outros, e que, tendo quase sempre enriquecido à sombra de seu favor com os despojos de outros, não tinham eles próprios enriquecido outros com os seus próprios.[65]

Boas pessoas propriamente ditas, se é que às vezes há uma única amada pelo tirano, ainda que tão privilegiadas a suas boas graças, ainda que tão brilhantes que sejam em si a virtude e a integridade que, sempre vistas de perto, inspiram, mesmo nos ímpios, algum respeito – essas boas pessoas, digo eu, não seriam capazes de se manter diante do tirano; elas necessariamente se ressentiriam do mal comum, e às suas custas experimentam o que é a tirania. Podem-se citar alguns, como: Sêneca, Burro, Tráseas,[66] uma trindade de boas pessoas, da qual os dois primeiros tiveram a infelicidade de se aproximar de um tirano que lhes confiou a manutenção de seus negócios: todos os dois estimados e queridos por ele, um dos quais o tendo educado e mantido como símbolo de sua amizade o cuidado que teve desde a infância; mas esses três unicamente, cujas mortes foram tão cruéis, não são exemplos bastantes da pouca confiança que se deve ter ante senhores perversos? E, em verdade, que amizade esperar de alguém que tem o coração duro o suficiente para odiar um reino inteiro que tão somente lhe obedece, e de um ser que, não sabendo amar, empobrece a si mesmo e destrói seu próprio império?[67]

Agora, se se quiser dizer que Sêneca, Burro e Tráseas provaram de uma tal desgraça unicamente por terem sido pessoas demasiadamente boas, que se busque energicamente ao redor do próprio Nero e ver-se-á que todos aqueles que conheceram seus favores e que ali se mantinham por sua maldade, não tiveram melhor fim. Quem já ouviu falar de um amor tão desenfreado, de uma afeição tão obstinada; quem já viu homens tão obstinadamente apegados a uma mulher como este era a Popeia?[68] E pois bem – não foi ela envenenada por ele mesmo?[69] Agripina, sua mãe, não havia ela, para colocá-lo no trono, asssassinado seu próprio marido Cláudio, feito de tudo para promovê-lo, e até mesmo cometido toda sorte de crimes? E, no entanto, seu próprio filho, seu rebento, aquele mesmo a quem ela havia feito imperador com suas próprias mãos,[70] depois de tê-la humilhado, tirou-lhe a vida; ninguém negou que ela não fosse merecedora de um tal castigo, que via de regra teria sido celebrado, caso tivesse sido imposto por qualquer outro. Quem foi mais ingênuo, mais facilmente manipulado e, para usar de palavras mais exatas, mais estúpido do que o imperador Cláudio? Quem já foi mais traído por uma mulher do que ele por Messalina? No entanto, ele a entregou ao carrasco. Os estúpidos tiranos são sempre estúpidos quando se trata de fazer o bem, mas não sei dizer como, por fim, se dispõem de um mínimo engenho, este desperta neles para o uso da crueldade,[71] mesmo contra aqueles que se importam com eles. É bem conhecido o dito atroz daquele que, ao ver a garganta descoberta de sua mulher, daquela a quem mais amava, sem a qual não parecia capaz de viver, dirigiu-lhe este belo cortejo: "Este lindo pescoço será cortado sem demora, se eu assim o ordenar." Eis por que a maioria dos antigos tiranos foram, praticamente em sua inteireza, mortos por seus favoritos que, tendo conhecido a natureza da tirania, sentiam-se pouco seguros da vontade do tirano e continuamente desconfiavam de seu poder. Assim, Domiciano foi morto por Estéfano,[72] Cômodo por uma de suas amantes;[73] Caracala pelo centurião Marcial[74] instigado por Macrino, e da mesma forma quase todos os outros.[75]

É certo que o tirano nunca ama, nem jamais é amado. A amizade é um nome sagrado, é uma coisa santa: só pode existir entre gente boa, nasce da estima mútua, e se mantém não tanto pelos benefícios como pela boa vida e os costumes. O que torna um amigo seguro do outro é o conhecimento de sua integridade. Seus fiadores são a boa índole, a fé, a constância; não pode haver amizade onde há crueldade, deslealdade, injustiça. Gente má, quando se une, produz uma conspiração, não uma relação. Eles não produzem divertimento, mas medo entre si. Não são amigas, mas cúmplices.

Ora, mesmo que não existisse esse impedimento, dificilmente se encontraria em um tirano uma amizade sólida, porque estando acima de tudo e não tendo igual, já está além dos limites da amizade, cuja sede está na mais perfeita equanimidade, cujo progresso é sempre igual e onde não há claudicância. Por isso, segundo se diz, existe uma espécie de boa-fé entre os ladrões na hora de repartir o espólio, porque são todos pares e companheiros, e se não se amam, ao menos temem uns aos outros e tampouco desejam, ao se separar, enfraquecer suas forças. Os favoritos de um tirano, por sua vez, nunca podem se proteger de sua opressão porque eles próprios o ensinaram que ele pode qualquer coisa, que não há direito ou dever que o obriga, que ele está acostumado a ter unicamente a vontade como razão, que não conhece iguais e é senhor de todos. Não é extremamente deplorável que, apesar de tantos exemplos esclarecedores e de um perigo tão real, ninguém queira tirar proveito dessas tristes experiências e que tantas pessoas ainda se aproximem tão voluntariamente dos tiranos e não se encontre quem tenha coragem e ousadia para dizer-lhes o que diz (na fábula) a raposa ao leão que se fingia de doente: "Ver-te-ia de bom coração na tua cova; mas vejo muitos vestígios de animais indo em tua direção, mas daqueles que voltam, vejo nenhum."[76]

Esses desgraçados veem reluzir os tesouros do tirano; admiram espantados o brilho de sua magnificência e, seduzidos por esse esplendor, aproximam-se, sem perceber que se lançam ao fogo, que não podem evitar que sejam devorados. Assim, o indiscreto sátiro, como diz a fábula, que ao ver brilhar o fogo roubado pelo sábio Prometeu, achou-o tão belo que foi beijá-lo e se queimou.[77] Assim, a borboleta que, na esperança de gozar de algum prazer, se lança à luz porque a vê brilhando, mas logo sente, como diz Lucano, que esta também tem a virtude de queimar. Mas suponha novamente que esses gentis escapem às mãos daquele a quem servem, eles jamais escapam às do rei que o sucede. Se for bom, é preciso prestar contas e submeter-se à razão; se é mau e semelhante a seu velho senhor, não pode deixar de ter também favoritos, que via de regra, não se contentando em tomar o lugar de outros, ainda lhes arrebatam tanto os bens quanto a vida. Como então pode haver alguém que, diante de tantos perigos e com tão poucas garantias, queira assumir uma posição tão difícil e infeliz e servir com tanto perigo um perigoso senhor? Que dor, que martírio é este, meu grande Deus! Estar ocupado noite e dia em agradar a um homem e, no entanto, ser cauteloso com ele mais do que com qualquer outra pessoa no mundo: ter sempre os olhos em guarda, os ouvidos à escuta, para espiar de onde virá o golpe, para descobrir as armadilhas, para desvendar as aparências de seus concorrentes, para denunciar quem trai o senhor; rir de cada um, temer sempre, não ter inimigo reconhecido, nem amigo seguro; sempre exibir uma cara sorridente e ter um coração frio: não poder ser feliz e não ousar estar triste.[78]

Mas é realmente curioso pensar no que recebem de todo esse grande tormento e do bem que podem esperar de sua dor e dessa vida miserável. Normalmente, não é o tirano a quem o povo atribui o sofrimento de que sofre, mas sim àqueles que governam a tirania. Estes, as pessoas, as nações, todo o mundo os inveja, até os camponeses, os lavradores, sabem seus nomes, descobrem suas vidas, acumulam sobre eles mil insultos, mil injúrias, mil maldições. Todas as imprecações, todos os desejos se voltam contra eles. Todos os infortúnios, todas as pestes, todas as fomes, aqueles que eles chamam de *súditos*, ele os imputa a eles; e se, às vezes, eles lhes prestam em aparência alguma homenagem, mesmo nessas ocasiões eles os amaldiçoam do fundo de suas almas e os têm em horror maior do que os animais ferozes. Eis a glória, eis a honra que recebem de seu serviço, aos olhos dessas pessoas que, se pudessem cada uma lhes arrancar um pedaço do corpo, não se sentiriam ainda (assim me parece) satisfeitas ou mesmo parcialmente consoladas em seu sofrimento. E, mesmo quando esses tiranos já não existem, os escritores que vêm depois deles não deixam de obscurecer, de mil maneiras, a memória desses devoradores de povos.[79] Sua reputação está dilacerada em mil livros, seus próprios ossos são, por assim dizer, arrastados na lama por toda a posteridade, e tudo isso, como que para novamente os punir após sua morte, pela vileza de sua vida.

Aprendamos, portanto, finalmente aprendamos a fazer o bem. Levantemos os olhos ao céu, e para nossa honra, pelo próprio amor da virtude, voltemo-nos para o Deus Todo-Poderoso, testemunha de todos os nossos atos e juiz das nossas faltas. Quanto a mim, penso eu, e não julgo estar enganado, que, visto que nada é mais contrário a Deus, soberanamente justo e bom, do que a tirania; ele sem dúvida reserva nas profundezas do inferno, para os tiranos e seus cúmplices, um castigo terrível.

Notas

[1] É assim que se nomeiam comumente os cemitérios por toda a Itália. O de Nápoles é notável por sua singularidade. É formado por 366 valas muito profundas. Todos os dias uma é aberta e ali se lançam sem qualquer cuidado, depois de se lhes terem despido, os cadáveres daqueles que morreram na véspera, e à noite a vala é hermeticamente fechada para não ser mais aberta até o mesmo dia do ano seguinte. Aqueles que assistiram a essa reabertura garantem que, durante esse período, o terreno devora inteiramente os cadáveres enterrados e que não resta deles qualquer vestígio.

[2] Para deixá-las mais claras, faz-se a mim necessário mudá-las à linguagem de hoje. É um sacrilégio!, dirão alguns, e como eles assim penso. É culpa minha, no entanto, se nossa linguagem perdeu a franqueza e a inocência que no passado lhe fazia todo o encanto? Voltemos a ser melhores, e talvez reencontremos para a expressão de nossos pensamentos uma forma mais natural e sedutora.

[3] O mais célebre dos poetas antigos, sobre o qual J.-M. Chénier falou: "Três mil anos se passaram sobre as cinzas de Homero/ E depois de três mil anos Homero respeitado/ é jovem ainda de glória e imortalidade."

[4] Ulisses mesmo era rei. Como não teria ele advogado em favor do poder de um só? Que seja perdoado, então, segundo o desejo desse La Boétie; perdoemos até mesmo, se for essa a vontade, esses cortesãos infames que, de hábito, têm defendido constantemente seu poder com o intuito de se refestelar nos orçamentos e engordar às custas de nosso suor; mas não perdoemos jamais – aliás, estigmatizemos esses vis hipócritas que ora elogiam, ora vituperam, e gritam, segundo as circunstâncias, viva o rei, viva a liga! Essas eternas matracas, impostores insolentes que têm tido, tão impunemente, e eventualmente de um dia para o outro, duas linguagens absolutamente opostas; em uma palavra, esses fazedores de discursos de circunstância cujo número tem sido

tão grande em nossos dias, que mesmo o imenso *Moniteur*, no qual esses exemplos de baixezas e de insolentes mentiras pululam em todas as suas formas, não passa de uma bem incompleta coleção.

[5] Se esse bom Étienne vivesse em nossos dias, ele não hesitaria em tratar a questão, e certamente, sua solução não viria em favor da monarquia.

[6] Alusão ao governo dos trinta oligarcas que os espartanos, vencedores da Guerra do Peloponeso, impuseram aos atenienses em 404 d. C. [N. E.]

[7] No original encontramos *hommeau*, que os anotadores traduziram como *hommet, hommelet*: homenzinho. Entendi ser possível colocar no lugar: *mirmidon*. Para o uso desta última palavra, que me pareceu exprimir completamente o pensamento do autor, inspirei-me em uma canção, que todos conhecem, do nosso tão bom amigo Béranger. Que ele nos perdoe pelo roubo!

[8] As batalhas de Maratona (490 d. C.), Termópilas (480 d. C.) e Salamina (480 d. C.), respectivamente. [N. E.]

[9] La Boétie sem dúvida quis dizer: todos os oficiais do exército persa.

[10] Não disse eu em meu prefácio, caro leitor, que o supostamente novo no modo de falar muitas vezes é apenas requentado? Esperaria você encontrar aqui, tão precisamente acopladas e aplicadas por nosso bom Étienne de La Boétie, essas duas palavras – gloriosas jornadas – que charlatães miseráveis, bajuladores covardes do povo, berraram a plenos pulmões, ao saírem tremendo de terror de suas caves, onde se esconderam durante os três dias do grande movimento popular de julho? Essas duas palavras não foram, portanto, uma invenção da parte deles, mas uma descoberta que astutamente empregaram para enganar os excessivamente crédulos e tomar para si e em seu benefício a grande vitória; o que foi feito, observe o bem, na própria noite de 29 de julho de 1830. Nossas três jornadas, portanto, não foram gloriosas, porque não há nada verdadeiramente glorioso exceto o que traz um resultado favorável à felicidade da humanidade.

[11] Esses esforços milagrosos se repetiram em nosso tempo e tivemos também nosso Leônidas, nosso Temístocles e nossos Miltíades. Mas, como nosso autor diz muito

judiciosamente, isso só é visto entre os povos livres. Além disso, quantos desses traços heroicos não encontraríamos se quiséssemos nos aprofundar em nossos curtos anais republicanos! Bastará relembrar alguns que realmente podem ser comparados com tudo o que a história nos conta de mais prodigiosos.

[12] Argos, *homem fabuloso dotado de cem olhos*, diz o dicionário: *espião doméstico*. Entre muitas gentes, a palavra é pronunciada *argous*. Não me orgulho de ser etimologista; mas, bem recentemente, um jornalista, mais cultivado e esperto do que eu, disse que essa palavra veio de *argousin, chefe dos condenados*; e fez tal observação muito espirituosa precisamente no momento em que, sob ordens de certo ministro, os condenados libertados foram usados para formar certos bandos que percorriam as ruas da capital e nelas espalhavam terror, espancando indiscriminadamente todos os transeuntes.

[13] Acreditamos que o verbo *espionar* ainda não era usado na época desse bom Étienne.

14 Luís XV, um dos mais vilões dessa gente, mandou sequestrar jovens lindas por seus valetes Bontemps e Lebel, para povoar seu Parque dos Cervos. Napoleão, mais franco e sem rodeios em seus modos, escolhia na casa imperial de Écouen, com o assentimento de Campan, as moças que desejava engravidar. Pergunte a certo príncipe alemão, que poderá perguntar à princesa, sua esposa, cujo primeiro nome de família guardo por discrição.

15 Assim se fizeram às *baciadas* os grandes bandidos, tão erroneamente chamados de *grandes homens*; Alexandre, o macedônio, Luís XIV e hoje em dia, especialmente, Napoleão.

[16] Nestes dias, e sem dúvida por puro acaso, encontrei este trecho citado e transcrito integralmente, com a maior exatidão e toda a pureza do seu antigo estilo, numa obra publicada recentemente pelo sr. barão Bouvier de Molart, ex-prefeito de Lyon, e intitulada: *Das causas do mal-estar que se faz sentir na sociedade na França*; mas o autor, um aluno do império e, consequentemente, administrador muito digno de nosso tempo, certamente não é um erudito; pois ao citar e exaltar este trecho eloquente, atribuiu-o a Montaigne, em cujas obras o discurso de La Boétie é geralmente encontrado. Teria ele ignorado ou posto em dúvida a existência deste último? Não creio que seja possível. Trata-se, portanto,

de mera distração; há que se perdoar o ex-prefeito barão, indubitavelmente absorvido pelo cuidado que lhe deve ter custado esse enorme volume, em que amontoou, desordenadamente, é verdade, uma barafunda de observações acerca de economia política, ora muito judiciosas, ora muito inverídicas, e inúmeros documentos estatísticos muito curiosos para chegar finalmente a seguinte conclusão; que, sendo o grande número populacional a primeira causa de nosso mal-estar, era necessário nos apressarmos em usar todos os meios, tomar todas as medidas, colocar em uso todos os recursos, mesmo os mais imorais, para sufocar a procriação dos proletários, dizimar-lhes até mesmo a raça, pelo menos o quanto for necessário para reduzir-lhes o número e garantir, preservar e aumentar até mesmo a extrema facilidade e os doces divertimentos dos cavalheiros, dos caçadores de prazer e dos privilegiados de todo tipo.

[17] E, *a fortiori*, La Boétie poderia ter dito: que a *quase totalidade* seja escrava de *alguns*.

[18] O manuscrito de Mesme traz a invocação "o Longa". Este é o antecessor de La Boétie no Parlamento de Bordéus. [N. E.]

[19] Por esta palavra, La Boétie sem dúvida queria dizer: o *direito de reinar*, e não a posse do território.

[20] Saul [N. E.]

[21] Sucessor de Sólon no poder de Atenas, tomou o poder confiando nos pequenos camponeses da montanha. [N. E.]

[22] Como se diria hoje: tenente-general de um reino.

[23] A palavra *tirano* era outrora usada para expressar um título e não era de forma alguma depreciativa. Foram usurpadores como Dionísio que mais tarde fizeram valer sua odiosa acepção. Do jeito que as coisas caminham na Europa, o mesmo se poderá dizer dos títulos de *rei, príncipe* ou *duque*.

[24] A *escravidão* é mais dura do que a *servidão*. A *servidão* impõe um jugo; a *escravidão*, um jugo de ferro. A *servidão* oprime a liberdade; a *escravidão* a destrói. (Dicionário de sinônimos).

[25] À época, os venezianos viviam em uma república. Livres, tornaram-se poderosos; poderosos, tornaram-se ricos; e corrompidos pela riqueza, recaíram na escravidão e na degradação. Estão hoje sob a *schlague* austríaca – como quase todo o resto desta bela Itália! Outra prova do *estiolamento de espécies, indivíduos* e *nações*.

²⁶ Nos dias de hoje, não trataríamos esses pobres muçulmanos tão duramente. Certamente estão bem longe de ser como gostaríamos de vê-los; mas talvez estejam mais perto de sua ressurreição do que alguns outros povos apodrecidos até o âmago por um sistema de corrupção que os governa e que vivem, ou melhor, vegetam e sofrem sob o peso esmagador desses governos tão falsamente chamados de constitucionais. O absolutismo na Turquia nunca foi, creio eu, tão prejudicial ao grande princípio da santa igualdade como esses pretensos governos representativos, filhos bastardos do liberalismo, onde ferve, às nossas expensas, a *marmita* do bom Paul Courrier.

²⁷ Isto foi retirado de um tratado de Plutarco intitulado *Da educação das crianças*, da tradução de Amiot.

²⁸ Sobre o corne "Huchet", diz Nicot, "é um chifre com que os cães são silenciados ou chamados, e que os postilhões normalmente usam."

²⁹ Arauto de Agamenon, que lutou com ele na guerra de Tróia. [N. E.]

³⁰ Ver Heródoto, Livro I., 7, p. 422.

³¹ Erroneamente chamado de *Gidarne* no texto.

³² Gente lendária que viveu em um país onde o Sol não nascia e aonde Ulisses foi evocar os mortos e questionar o adivinho Tirésias. [N. E.]

³³ Cavalo de crina e orelhas cortadas.

³⁴ Na mitologia, personificação do Sarcasmo, filha da Noite e irmã das Hespérides, segundo Hesíodo. [N. E.]

³⁵ Harmônio e Aristogitão, assassinos de Pisístrato. Trasíbulo: expulsou os tiranos de Atenas em 409 d. C.. Bruto, o Velho, e Valério: fundadores da República. Dião: sucessor de Dionísio como tirano de Siracusa. [N. E.]

³⁶ Assim fizeram os famosos girondinos que escaparam da Assembleia Legislativa em 20 de junho de 1792 para correr às Tulherias e ali controlar a sagrada insurreição popular contra o tirano Capet. Este foi salvo e, nesse mesmo trono, que era tão fácil então de derrubar, o aviltaram ao colocar-lhe o barrete frígio que a cabeça de um rei emporcalhara e fizeram-no beber diretamente da garrafa. Por esse fato

somente, de política astuta e pérfida frieza, os girondinos teriam merecido o destino que mais tarde sofreram.

[37] Isto se aplica maravilhosamente a um traço característico de nossa história contemporânea, ao qual poucos deram bastante atenção, exceto pelos conspiradores que o repetiram e mais tarde dele fizeram uso em grande detrimento dos interesses populares. Aqui está: quando, em seu milagroso retorno da ilha de Elba, Bonaparte pressionou os Bourbons em seu trono, os tiranos encurralados, transidos de medo, completamente desnorteados, apelaram à bravata; alguns foram fazê-la em Lyon, de onde bateram em retirada como covardes; os outros tentaram efetuar prisões em Paris e quiseram em particular garantir o famoso Fouché, que suspeitavam estar em contato com *o retornante* que lhes causava terror. Fouché fugiu de suas garras, refugiou-se de sua fúria. Dois dias depois, porém, julgou-se necessário tratar com ele; despachou-se um agente diplomático a seu encontro, o inescrupuloso Vitrolles. A este, Fouché fez a seguinte observação, que mostra a política inteligente deste desgraçado: "Salve o monarca; encarrego-me de salvar a monarquia". E, de fato, os Bourbons fugiram, Bonaparte chegou com seu desejo de *entronizar* a si mesmo; Fouché foi seu ministro; posteriormente, Fouché o traiu e, concordando com os aliados em mandá-lo a Santa Helena, permaneceu ministro daquele outro canalha, Luís XVIII, que não teve o menor asco em trabalhar com o homem que havia condenado seu irmão à morte e forjar com ele as listas de prescrição que marcaram seu retorno. Os antecedentes sangrentos desse monstro execrável de fato convinham, de fato, à hipocrisia e à crueldade covarde de Luís XVIII, a quem faltava apenas a coragem do crime, para ser o mais feroz dos tiranos.

[38] Que diria hoje este bom Étienne de nossos doutrinários, de nossos liberais da restauração e do asqueroso *juste-milieu* feliz que tão bem e tantas vezes abusou deste santo nome?

[39] Não é do livro *Das enfermidades* que La Boétie cita, mas de outro título, *Dos ares, das águas e dos lugares*, no qual Hipócrates diz (§ 41) "Os mais belicosos povos da Ásia, gregos ou bárbaros, são aqueles que, não sendo governados despoticamente, vivem sob as leis que eles se impuseram a si mesmos, ao passo que lá onde os homens vivem sob os reis absolutos, eles são necessariamente muito tímidos". Encontramos os mesmos pensamentos em mais detalhes no § 40 da mesma obra.

⁴⁰ Com uma doença pestilenta se espalhando nos exércitos de Artaxerxes, rei da Pérsia, este príncipe, aconselhado a recorrer em tal ocasião ao auxílio de Hipócrates, escreveu a Hístanes, governante do Helesponto, para encarregá-lo de atrair Hipócrates à corte da Pérsia, oferecendo-lhe tanto ouro quanto desejasse, e assegurando-lhe, em nome do rei, que seria tratado à altura dos maiores senhores da Pérsia. Hístanes executou pontualmente a ordem; mas Hipócrates respondeu-lhe de pronto: "que era provido de todas as coisas necessárias à vida, e que não lhe era permitido desfrutar das riquezas dos persas, nem se valer de sua arte para curar bárbaros que eram inimigos dos gregos". A carta de Artaxerxes a Hístanes e a carta de Hístanes a Hipócrates, das quais todas essas particularidades são retiradas, encontram-se ao fim das obras de Hipócrates.

⁴¹ *Hierão ou retrato da condição dos reis*. Coste traduziu esta obra e a publicou em grego e francês com notas, Amsterdã, 1771.

⁴² O bom Étienne é muito generoso em interpretar as intenções de nossos monarcas dessa forma. Se ele tivesse visto os suíços do famoso Carlos X atirando no povo de Paris, certamente não teria dito que esses bons suíços estavam ali para *poupar* os súditos.

⁴³ Terêncio, *O eunuco*, Ato. 3, cena. 4, v. 25.

⁴⁴ Ei! O que não temos visto em nossos dias acerca disso? Os Osages e a girafa; os *banquetes* da Champs-Elysées, onde tantas vezes se distribuem vinho, presunto e salsichão; os desfiles e as exibições; os paus de sebo e os balões; jogos e espetáculos gratuitos; iluminações e fogos de artifício; corridas de cavalos no Campo de Marte; exposições em museus ou nas grandes feiras da indústria; recentemente o afamado e tão caro navio de papelão; e, enfim, os jogos a dinheiro, mais infames ainda que todas aquelas coisas e que, decerto, não eram conhecidos dos antigos.

⁴⁵ Reunião de gente comum, agrupada e recrutada de dez em dez e alimentada à custa do erário público.

⁴⁶ Título de uma das obras desse filósofo; ficção, é verdade, porém admirável, e que poderia ser realizada, se todos os homens tivessem a virtude do sábio que ele faz falar para instruí-los, o divino Sócrates.

⁴⁷ Moeda de prata entre os romanos, cujo menor valor girava em torno de cinco francos e cinquenta centavos.

⁴⁸ Diz o historiador: "A mais vil parcela do povo, acostumada aos prazeres do circo e dos teatros, os escravos mais corrompidos e aqueles que, tendo dissipado os próprios bens, ávidos pela desordem, encontravam subsistência senão pelos vícios de Nero, todos se encontravam mergulhados em dor."

⁴⁹ "No dia para o qual estavam anunciados os seus funerais, levantou-se uma pira no Campo de Marte, ao lado do túmulo de Júlia. Em frente à tribuna róstria ergueu-se uma capela dourada, modelada pelo templo da Vênus Genitriz. Aí foi colocado um leito de marfim, coberto de ouro e púrpura, e, à cabeceira, um troféu com o mesmo manto com que fora assassinado. Como o dia parecesse insuficiente para os que levassem oferendas, decidiu-se que, embora contrariando a ordem tradicional, cada qual as depositaria no Campo de Marte, tomando a rua da cidade que bem entendesse. Durante a solenidade, cantaram-se, com o intuito de excitar a piedade e a indignação contra o crime [...] Ao invés do elogio fúnebre, o cônsul Antônio mandou ler por um arauto o senatus consulto que conferia a César honras divinas e humanas, assim como o juramento pelo qual todos se coligavam para a salvação de um só. Não pronunciaram no ato senão poucas palavras. Magistrados em função ou em disponibilidade carregaram seus leitos para diante da tribuna róstria, no Fórum. Uns mostravam o desejo de incinerá-lo no santuário de Júpiter Capitolino e outros, na Cúria de Pompeu, quando, repentinamente, dois homens de gládio à cinta, empunhando cada qual dois dardos, aí acenderam fogo com duas tochas inflamadas. No mesmo instante, a multidão que os cercava construiu no local tribunas e bancos com tábuas e tudo o mais que lhe ficava ao alcance. Depois, tocadores de flauta e histriões tiraram as vestes triunfais de que se achavam revestidos para a cerimônia, rasgaram-nas e as atiraram nas chamas. Legionários veteranos nelas lançaram, também, as armas com as quais se adornaram para os funerais. Da mesma forma, agiu a maior parte das matronas com os enfeites que traziam e os seus filhos com seus colares de bolinhas de ouro e as suas togas pretextas. Em meio a este grande luto público, uma multidão de delegações estrangeiras veio demonstrar seu pesar, cada uma por sua vez e à sua maneira. Sobretudo os judeus, que velaram a pira durante várias noites seguidas. (Suetônio, vida de César, § 84. Trad. de João Gaspar Simões)

⁵⁰ "Mais tarde, ergueu-se no Fórum, em mármore da Numídia, uma coluna maciça de quase vinte pés, com esta inscrição: 'Ao Pai da Pátria'." (Suetônio, vida de César, § 85. Trad. de João Gaspar Simões)

⁵¹ É La Boétie falando; leitor, não duvide de forma alguma e, acima de tudo, não faça qualquer alusão... se puder.

⁵² Oh! Aqui parece que La Boétie antecipa a história do que tem acontecido em certo país desde 1830!

⁵³ "Dois homens do povo, um cego, outro coxo, foram procurá-lo, ao mesmo tempo, no seu tribunal, suplicando-lhe que os curasse, certos como estavam de que Serápide lhes assegurara, enquanto dormiam, que um recobraria a vista se o imperador lhe cuspisse nos olhos e o outro caminharia direito se ele se dignasse tocar-lhe na perna com o pé." (Suetônio, vida de Vespasiano, § 7. Trad. de João Gaspar Simões.)

⁵⁴ E os nossos reis da França, que não valiam mais do que Vespasiano, não curavam a escrófula? Essa vigarice durou muito tempo, porque ainda era usada na coroação de Luís XV (ver Lemontey). A essas momices sucederam muitas outras que, menos rudes, não eram menos perniciosas aos pobres.

⁵⁵ Um dos filhos de Éolo. [N. E.]

⁵⁶ Tradução de Adriano Aprigliano (APRIGLIANO, Adriano. *O descimento ao Averno: Eneida 6*. São Paulo: Syrinx Editora, 2019, p. 79, vv. 582-594.)

⁵⁷ De tudo o que La Boétie nos conta aqui sobre a *flor-de-lis*, a *âmbula* e a *auriflama*, é fácil adivinhar o que lhe de fato pensa das histórias milagrosas que se contavam a seu respeito. E o bom Pasquier (a) não as julgou de forma diversa da de La Boétie: "Há em cada república, ele nos diz (em suas *Recherches de la France*, liv. VIII, C. XXI), muitas histórias que remontam a uma longa antiguidade, sem que no mais das vezes se consiga sondar a verdadeira origem; e, no entanto, elas não só são consideradas verídicas, mas grandemente autorizadas e consagradas. De tais indícios, encontramos vários tanto na Grécia quanto na cidade de Roma. E dessa mesma forma quase atraímos para nós a velha opinião que tínhamos da auriflama, a invenção da nossa flor-de-lis, que atribuímos à divindade, e muitas outras coisas semelhantes, que, embora não sejam endossadas por autores antigos, é decoroso para qualquer bom cidadão acreditar nelas em

nome da majestade do império". Tudo isso, reduzido ao seu verdadeiro valor, significa que é por pura complacência que temos de acreditar nesse tipo de coisas. Em outra parte na mesma obra (liv. II, cap. XVII), Pasquier comenta que houve "reis da França que tinham *três sapos* como brasão; mas que Clóvis", para tornar o seu reino mais milagroso, "fez que fossem trazidas por um eremita, como aviso dos céus, as flores-de-lis, que continuaram até nós". Esta última passagem não precisa de comentários. O autor declara muito clara e francamente a quem devemos atribuir a invenção da flor-de-lis.

(a) O *bom Pasquier* é um dos ancestrais do advogado Étienne Denis Pasquier, atual presidente do tribunal de pares, que bem mereceria um epíteto completamente diferente, que até mereceria vários outros, nem que seja pela mistificação que lhe foi infligida muito displicentemente, sem dúvida, pelo conspirador republicano Malet, no ano de 1812; a traição de seu senhor, o imperador, na noite de 30 para 31 de março de 1814; a sua pantomima ciceroniana na Câmara dos Deputados (sessão de 1819), ao falar dos sediciosos da oposição, dizia: *se se mexerem, morrerão*. Hoje é pior do que tudo isso.

[58] Esse trecho é o único cuidado oratório que La Boétie introduz em sua obra, como passaporte para as duras verdades que contém. Eu o mantive fielmente ali. Além disso, esta obra foi escrita durante o reinado de Francisco II; no entanto, é possível que a memória recente de Luís XII tenha extraído tal homenagem ao autor; mas ele também viveu sob o reino de Francisco I, e La Boétie era bem capaz de avaliar pelo seu justo valor esse fanfarrão da honra, esse arlequim real cuja tão alardeada frase, *Tudo está perdido, fora a honra*, termina com este repugnante complemento de fatuidade: ...*e sobretudo a minha pessoa que está a salvo de todo perigo*.

[59] Durante o reinado de Numa caiu do céu um escudo de bronze ao qual, segundo a sibila Egeria, estava ligado a salvação de Roma. Para evitar que fosse roubado, Numa mandou fazer onze cópias, os ancis. [N. E.]

[60] Um hábil tradutor inglês deu a essa passagem uma nota muito curiosa e útil para aqueles que não sabem o que é a *cesta de Erisictão*. Aqui está, em suma: "Calímaco em seu hino a Ceres, fala de uma cesta que deveria descer do céu e que era carregada à noite no templo dessa deusa, quando sua festa era celebrada. Suidas diz que a cerimônia das cestas foi instituída durante o reinado de Erisictão."

⁶¹ Quanta verdade nesse quadro! Não parece que foi traçado em nossos dias, e em face do que está acontecendo diante de nossos olhos?...

⁶² Os habitantes da Cilícia, antiga província da Ásia Menor que hoje faz parte da Turquia asiática. Eles eram então o que os argelinos são em nosso tempo.

⁶³ Não fiquem zangados, senhores obcecados pela moderação; não sou eu, é este bom Étienne que, há quase três séculos, lhes dirigiu esse insulto que tanto merecem.

⁶⁴ Que eles chamam, em seu presunçoso desdém, *proletários*: e, em sua raiva, *bárbaros*. (Ver o famoso artigo no *Journal des débats*, do final de 1831)

⁶⁵ Tal retrato, por mais terrível e exato que seja, não assustará, tenho certeza, os que têm fome de posições e rendas.

⁶⁶ Burro: tutor de Nero. Traséas: senador, conselheiro de Nero. [N. E.]

⁶⁷ Pois um rei que conhecesse seus verdadeiros interesses não podia deixar de ver que: "empobrecendo seus súditos, ele certamente se empobreceria como um jardineiro que, depois de colher os frutos de suas árvores, as cortasse para vendê-las etc. etc."
Esse fragmento de nota que extraio de outra mais longa de Coste e na qual ele também cita Alexandre e Dario como produtores de belas máximas, relaciona-se apenas com a palavra *empobrecer* que se encontra no texto. Não teria ele podido estendê-la à palavra *destruir* que a segue? E relembrar, então, o crime de Nero que, para seu bom deleite e passatempo, ateou fogo a Roma, a capital de seu império, tudo para ver que careta fariam seus súditos assim grelhados?... Coisas tão terríveis estão acontecendo hoje em dia?... Não, mas veja o progresso da humanidade; se em sua época os canhões e a pólvora fossem conhecidos, Nero, aposto, teria ficado feliz de metralhar os romanos, como Carlos X fez em julho de 1830, donde teria, com razão, recebido a alcunha de "o metralhador", se desde então... Mas bico calado!!!

⁶⁸ Segundo Suetônio e Tácito, Nero, em um acesso de raiva, matou-a com um chute no estômago durante a gravidez. Tácito acrescenta: Mais por paixão do que por um fundamento razoável, vários escritores publicaram que Popeia foi envenenada por Nero.

⁶⁹ "Após três tentativas de envenenamento, e como percebesse que ela se premunira de antídotos, mandou construir um teto que, em virtude do jogo dum mecanismo, devia cair sobre ela durante o sono. Ao sentir que o segredo desse projeto fora revelado pelos seus confidentes, inventou um navio de peças movediças, que a tragaria e a esmagaria ao desfazer-se sobre ela. Resolveu, assim, fingir reconciliar-se com ela, e, por meio duma carta amabilíssima, convidou-a a ir a Baías para em sua companhia celebrar a solenidade das Quinquátrias. Depois de ordenar aos marinheiros que quebrassem, simulando um abalroamento inesperado, a galera liburniana em que viajava, prolongou o festim. Quando sua mãe manifestou a vontade de retornar a Baules, ele lhe ofereceu, ao invés do seu navio avariado, o navio maquinado e a acompanhou até lá, alegremente, e, no momento da separação, ainda lhe cobriu de beijos a ponta dos seios. Passou o resto do tempo numa grande agitação, esperando o resultado da empresa. Ao saber, porém, que tudo se passara contrariamente aos seus desígnios e que ela se salvara a nado, não soube o que fazer. Neste meio tempo, como Lúcio Agerino, liberto de sua mãe, fosse anunciar-lhe, cheio de alegria, que ela se encontrava sã e salva, colocou, às escondidas, perto dele, um punhal, e fazendo crer que Agerino se deixara subornar para assassiná-lo, mandou prendê-lo e metê-lo a ferros. Sem demora, tramou o assassínio da mãe e sustentava a todos que ela se havia suicidado ao ser descoberto o crime que premeditara". (Suetônio, Vida de Nero § 34. Trad. de João Gaspar Simões)

⁷⁰ Vide o estúpido e cruel Carlos X de memória recente.

⁷¹ De *Calígula*, cuja ferocidade Suetônio descreveu nestes termos: "Entre outras brincadeiras, fez esta: parou, um dia, diante duma estátua de Júpiter e perguntou ao ator trágico Apeles se lhe parecia maior do que ele. Como o ator vacilasse, bateu-lhe a chicotadas, felicitando-o depois, várias vezes, pelo timbre da sua voz suplicante, que ele achava doce até mesmo quando gemia. Toda vez que cobria de beijos o pescoço da sua mulher, ou o da sua amiga, dizia: "Esta bela cabeça cairá quando eu quiser." Repetidamente asseverava "que ainda faria Cesônia confessar, por meio de tortura, por que o amava tanto". (Suetônio, vida de Calígula, § 33. Trad. de João Gaspar Simões).

⁷² "Eis aqui o que se conhece, mais ou menos, da conspiração e do assassínio. Os conjurados não sa-

biam nem quando, nem como o atacariam: se na mesa, ou no banho. Estefano, procurador de Domitila, então acusado de desvios de dinheiro, lhes ofereceu, além de conselhos, a ajuda. Para afastar suspeitas, trouxe, durante vários dias, o braço esquerdo envolto em lã e enfaixado, como se tivesse sofrido um acidente. À hora marcada, escondeu nas ataduras um punhal. Anunciando que conhecia indícios duma conspiração, conseguiu introduzir-se e varou Domiciano na virilha. Ferido, o imperador se debatia, quando o corniculário (uma espécie de condecoração da época) Clodiano, Máximo, liberto de Partênio, Satúrio, decurião da guarda do quarto e alguns gladiadores caíram sobre ele e o traspassaram com mais sete punhaladas." (Suetônio, vida de Domiciano, § 17. Trad. de João Gaspar Simões.)

[73] Que se chamava *Márcia* (ver Herodiano, liv. I.).

[74] *Antonino Caracala*, que um centurião, chamado Marcial, assassinou com um punhal sob influência de Macrino, como pode ser visto em Herodiano (liv. 4, no final).

[75] O repugnante desfile de todos esses imperadores romanos, sua vida imunda, sua ferocidade, seus crimes e abominações, são tão atrozes que se gostaria de poder colocá-los em dúvida; mas eles nos são atestados pelos historiadores mais dignos de fé. Nossos tiranos modernos são menos cruéis? Seriam eles menos culpados porque cometem seus assassinatos em grande escala? O *cárcere duro* do benigno déspota austríaco, o recente massacre dos polacos, o *reinado da ordem* em Varsóvia, serão considerados pela história menos infames do que os crimes dos imperadores romanos?... Não, creio que não. Mas, em nosso tempo, não tivemos nosso Nero e nosso Calígula? Uma só corte do norte, aquela que tão bem sufoca nações inteiras, não nos apresenta uma série ininterrupta de assassinatos em sua própria família governante? E aquele famoso Fernando VII, último tirano da Espanha, não matou ele, como Nero, a sua primeira mulher, *com um pontapé no estômago, durante sua gravidez*? Será que ele, novo Calígula, não jogou uma xícara de chocolate fervente no peito de sua segunda noiva *só para ver*, respondeu ele friamente ao pai, Carlos IV, *que careta ela faria*? Desde sempre, os tiranos sempre foram as verdadeiras bestas feras.

76 Esse bom Jean de la Fontaine, um verdadeiro jacobino do século XVII, ofereceu a mesma imagem nestes versos cheios de humor:

.... mas neste antro,
bem vejo como se entra
mas nunca como se sai.
(Liv. 6, Fábula 14.)

⁷⁷ Isso foi extraído de um tratado de Plutarco intitulado: *Como tirar proveito de seus inimigos*, Cap. 2, cujas próprias palavras estão aqui: "Quando o sátiro contemplou pela primeira vez o fogo, desejou beijá-lo e abraçá-lo; então Prometeu lhe disse: 'De tua barba de bode chorarás a perda'. O fogo queima quem o toca; mas fornece luz e calor [...]" [PLUTARCO. *Como tirar proveito de seus inimigos – Da maneira de distinguir o bajulador do amigo*. Prefácio e notas: Pierre Maréchaux. Trad. Isis Borges B. da Fonseca. São Paulo: Martins Fontes, 1998, p. 5.].

⁷⁸ Bem, queridos amigos! o que dizem vocês dessa vida tão bem pintada nessas poucas linhas? Isso não é uma verdadeira tristeza? E, no entanto, esses desgraçados que se entregam a isso, que voluntariamente correm para a torpeza, ainda ousam caluniar e insultar vocês, que preferem manejar a sovela, o machado, a plaina ou a lançadeira, a viver essa vida infame!!

⁷⁹ Este é o título dado a um rei em Homero (*Ilíada*, v. 341) e com o qual La Boétie regala muito acertadamente esses primeiros-ministros, esses intendentes e superintendentes das finanças que, com imposições excessivas e injustas com as quais arrocham o povo, despojam e despovoam países abandonados a seus cuidados, logo transformam um reino poderoso onde as artes, a agricultura e o comércio floresceram em um deserto terrível onde reinam a barbárie e a pobreza, lançam o príncipe à miséria, tornando-o odioso a seus súditos que lhe restam e desprezível a seus vizinhos.